在家仏道入門

田原亮演

東方出版

目次

一、仏道のすすめ……127

二、冥想の目標……130
三、冥想の実修……132

四、やすらぎの内観……146

挿絵　賢劫造佛所　長谷法寿

第一章

行と苦行

一、ブッダの苦行

ブッダは出家後、善なるものを求め、この上ない寂静《じゃくじょう》の境地、最上の道を求めて、アーラーラ・カーラーマという仙人を訪ねている。アーラーラ・カーラーマは、無所有処《むしょうしょ》の境地に達していた。ブッダは、彼から指導を受けて修行したが、間もなくアーラーラ・カーラーマと同じ境地に達したとされる。

無所有処とは、何ものにもとらわれないという境地である。ところがブッダは、この境地は滅尽・寂静・知・覚・涅槃に到達するものではないとして彼から離れた。

次に訪ねたのは、ウッダカ・ラーマプッタという仙人であった。彼は、非想非々想処《ひそうひひそうじょ》という境地に達していた。ブッダは、たちまち同じ境地に到達した。

非想非々想処とは、想うのでもなく、想わないのでもないという境地である。ブッダは、ここでも滅尽・寂静・知・覚・涅槃を得ることはないとして離れている。

ブッダは、涅槃寂静《ねはんじゃくじょう》・無上安穏《むじょうあんのん》の境地を求めて二人の高名な仙人を訪ねたが、二人の仙人の境地はそこまで達していないとしている。この時点では、ブッダはまだ寂静・最上の境地に達していない。それにもかかわらず二人の仙人の境地を否定したのは、ブッダの非凡な宗教意識であろう。この直観的な判断ができるということが重要なのである。恐らく寂静で最上の境地とは何かを想像していたに違いない。

この後、ブッダは、この上ない寂静の境地、最上の道を求めてマガダ国内を遊行《ゆぎょう》しながら、ウルヴェーラーのセーナー村に入った。この地を修行するのに最適な場所と決めている。ブッダは、この地で苦行《くぎょう》に身を投じた。

苦行の様子について、『サッチャカ大経』によると、まず初めに精神統一を行ったとある。

歯に歯を置いて、舌で上あごを押して、心で心を制し、伏したとき腋下から汗が出た。努めるのに動じない心があり、念《おも》いは確立している。身体は苦しみに支配されて激動して、軽やかでない。わたしにはこのような苦しみの感覚が生じて、心を捕えていなかった。

次に、止息禅《しそくぜん》を修した。

口と鼻とからの呼吸を止めたとき、耳から出ていく風に絶大の音声《おんじょう》があった。たとえば鍛冶工のふいごによって吹かれる風には絶大の音があるように耳から絶大の音があった。

口と鼻と耳とから呼吸を止めたとき、絶大の風が頭をかき乱した。たとえば力の強い人が利剣の先で頭を破砕するように、絶大の風が頭をかき乱した。

口と鼻と耳とから呼吸を止めたとき、絶大の頭痛がした。たとえば力の強い人が硬い革紐で頭に頭巾を巻くように絶大の頭痛がした。

口と鼻と耳とから呼吸を止めたとき、絶大の風が腹を切開した。たとえば巧みな屠牛者あるいはその弟子が鋭い屠牛刀で腹を切開するように、絶大の風がわたしの腹を切開した。

口と鼻と耳とから呼吸を止めたとき、身体に絶大の熱があった。たとえば二人の力の強い人が力の弱い一人のそれぞれの一方の腕をとって、炭窯で焼き焦すように身体に絶大の熱があった。

動じない精進と乱れることのない念いがあったが、身体は苦痛に打ちのめされて、激動していて、軽やかでなかったと述べている。

『獅子吼大経《ししくだいきょう》』には、上述と違ったブッダの苦行を記している。一日に一食《いちじき》、二日に一食、七日に一食、半月に一食、あるいは野菜のみを食とし、ただ玄米のみを食とし、ただぬかのみを食とし、ただごまの粉を食とした。

また、捨てられている布を集めて衣としたり、樹皮を衣とした。髪を抜き取る行をしたり、坐らずに常に立っている行、常に蹲踞《そんこ》する行、棘刺の床に臥すという苦行も行った。皮膚に塵が蓄積されて皮苔が生じたという。

さらに、ブッダが閑林所に入って修行していたときのことである。牧牛者、牧畜者、採草者などの姿を見たとき、森林から森林へ、密林から密林へ、低地から低地へ、高地から高地へと逃げて行ったとある。その理由として、彼らがブッダを見ることがないように、ブッダが彼らを見ることがないようにするためであったとされている。

私は、ブッダのこの態度がよく理解できる。私がこのような思いをもった経験があるからである。弥山《みせん》での修行中、人と顔を合わすことが嫌になったことがあった。行に集中していると、人と顔を合わすことも、会話も嫌になる。孤独感など湧くことはない。集中すると自ずとこのようになると思われる。

また、ブッダは、人々が恐れおののいている密林に入っての修行、墓場で骸骨を敷いて床座とすることもあった。このとき牧童がやってきて、ブッダに唾を吐き、放尿し、塵芥を投じ、耳に木片を挿し入れたりしたとある。

そして、次に断食《だんじき》の苦行を行った。

ブッダが苦行に身を投じた苦行林

古代インドの宗教家は、苦行を行っていたが、断食をもって最高の苦行とした。叙事詩『マハーバーラタ』には、断食を究極の苦行としており、完全な断食に到るには幾つかの段階があったことが記されている。

果物、球根などを森で採集して食とする菜食主義の段階から、枯葉や野菜、水を飲食とする段階を経て、最後に風食、すなわちかすみを食として一切の飲食物を断つという段階に到るとされている。

ブッダも当時の苦行者が行っていた断食を行った。初めから食物を断つという断食ではなく、しだいに減らしていくという方法であった。ろくず汁、烏えんどう汁、小えんどう汁、えんどう汁を少しずつ取っていると、身体は極めて痩せ衰えたとある。断食の様子は、『サッチャカ大経』『獅子吼大経』に記述されているが、ほぼ同じ内容である。

その少食のためにブッダの肢節は、アーシーティカ草の節のように、またはカーラー草の節のようになった。臀部はらくだのあしのように、脊柱は紡錘《ぼうすい》の連鎖のように凹凸ができ、肋骨は老朽した家屋のたる木が腐食して破砕しているようになった。深い井戸の水が底に見えるように、ブッダの眼窩《がんか》の瞳は深くくぼんで見えた。切り取られたひょうたんが風や熱によってしわになるように、頭皮もしわができて萎縮してしまった。

そして、ブッダが腹皮に触れようとすると、脊柱に触れ、脊柱に触れようとすると、腹皮に触れた。糞あるいは尿をしようとして、頭を前にして倒れてしまった。そこで身体をいたわりつつ掌で肢体を摩擦すると、ブッダの身体の毛は腐蝕しているその根と共に身体から脱落したとある。

正にすさまじい苦行である。だが、このような苦行に励んでも、最上の智見に到達しなかったとブッダは述べている。つまり、苦行を行じても悟りに達することはなかったということである。

二、ブッダはなぜ苦行を止めたのか

ブッダは、苦行を完全に否定したのであろうか。『相応部経典』には、ブッダが悟りを開いた後、独坐静観して、

　まことに私は、あの苦行から離れた。何の利益にもならない苦行から離れたことはよかった。

とある。

ところが、『中部経典』には、苦行によって大変重要なものを身につけたことをブッダは述懐している。すなわち、発勤《ほつごん》不動《ふどう》の精進と確立不乱の念を得たということである。発勤不動の精進とは、決して動ずることのない努力であり、悟りを求めて努力を続けることである。確立不乱の念とは、動揺することなく悟りに向かって念じ続け、悟りへの信念が確立することである。このことは、苦行がまったく無駄であったわけではないことを表している。

ブッダは、「苦行は何の利益にもならなかった」と斥けているが、それは苦行によって

悟りを得ることはなかった、苦行が直接悟りにつながっていなかったことに対して利益がなかったと述べたのではないだろうか。

苦行によって得たものはあったのである。それは、ブッダの苦行中の姿勢からもうかがえる。最古の編集経典とされる『スッタニパータ』に記されている一節は、そのことをよく示している。悪魔ナムチの誘惑に対するブッダの返答として述べられているものである。煩悩を悪魔ナムチの誘惑として表現している。

ブッダは、誘惑に対して、次のように断じている。

わたしには信があり、智慧がある。このように自ら励んでいるわたしに、汝はどうして命のことを尋ねるのか。

励みが起るこの風《ふう》は、河の流れも涸らすであろう。自ら励んでいるわたしの血がどうして涸渇しないことがあろうか。

血が乾くと、胆汁と痰も乾く。肉がなくなると、心はますます浄まり、わたしの念と智慧と定《じょう》とはいっそう確立する。

わたしはこのように安住し、最大の苦痛を受けており、心は諸欲にかかわることはない。見よ、身心の清らかなることを。

ブッダは、苦行を耐え忍んでいる。その結果、励みから起る風は、河の水も涸らしてしまうほど熱くなり、体内の血や胆汁や痰も涸渇させ、肉もなくしてしまうほどであった。

しかし、ブッダには信と努力と智慧があり、それらはますます確立し、諸々の煩悩にも煩わされず、激しい苦を受ければ受けるほど、身心は清らかになってくる、とのことであった。

断食するブッダ像（パキスタン　ラホール博物館）

苦行の後いったん悟りの地として選んだ前正覚山（ぜんしょうがくさん）。苦行林の対岸にある。手前は乾期のパルグ河

激しい断食による苦行の中で、ブッダは無上の智見への熱意と求道《ぐどう》の炎を燃やしながら努力し、それによって智慧が確立していったことが述べられている。

ブッダは、断食による激しい苦痛を受けていただけではない。断食による苦行を目的としていたわけではない。断食を行じながら冥《めい》想《そう》を修していたのである。このことから断食のための断食、苦行のための苦行ではなかったことが分かる。

ブッダは、断食を行じながら冥想を続けていれば、無上の境地に達することを予測していたのではなかろうか。このことは、苦行に身を投ずる前に、二人の仙人のもとで修行していたとき、仙人と同じ境地に到達しても、満足せずに辞したことからもうかがえる。自分の修している冥想に確信をもっていたと思えるのである。断食の苦痛の中で、正しい方向性を見定めていたといえる。この点が、ブッダの勝れた特質である。

ブッダが苦行から離れたのは、苦行では悟れないと明確にうなずくことができたからである。苦痛を受ける中で、苦行では境地は深まらないことをはっきりと自覚したからである。ブッダの全人格がうなずいたからである。

それは、六年間とも七年間ともいわれる苦行の中で、真如であり、如来の智慧といえるものがブッダに顕れつつあったからである。つまり、ブッダに智慧のはたらきが顕れつつあったので、苦行では駄目だとの思いが出てきたのである。ブッダは、苦行の中で確実に熟しつつあった。

このことは、大変重要なことである。というのは、真如が苦行の中で顕れつつあり、苦行を離れて冥想に専念することで真如が顕《あらわ》になり、悟りとなったからである。

三、私の苦行

仏道とは、真如・真理・真実の体得を目指した持続的な実践の道である。真如の体得とは、悟りの体験である。その実践とは、悟りを自ら実証することである。その実践は、どこまでも境地を深めることである。境地を深めるためには、行じなければならない。その行は、全人格的である。全人格的とは、身口意《しんくい》の三業《さんごう》が統一された行いである。この行いが行であり、苦行である。

悟りを求めようとする心を発菩提心《ほつぼだいしん》、略して発心《ほっしん》というが、発心が強く、純粋であればあるほど自ずと苦行に入っていくものと思われる。つまり、発心があり、悟りを目指す修行が自ずと苦行になるといえる。

初めに苦行があるのではない。何かのために苦行を行じる。例えば、名誉欲のような世俗の欲のために行じることは間違いである。また、苦行のための苦行は誤りである。このような苦行は、煩悩に支配されている行であるから苦悩・迷いから離れることはできず、かえって苦悩・迷いを増すことになる。

私は、昭和四十九年に高野山で出家得度してから、現在にいたるまでの三十数年間、数々の真言の行を修し、また苦行も行じてきた。苦行といっても、この行が苦行だという決まりはない。同じ行でも、ある人は苦行と感じるだろうし、ある人は苦行とは感じないこともある。苦行か否かは、その人次第、機根《きこん》によるということである。

ここで私が修してきた真言宗の行の中で重要な八千枚護摩《はっせんまいごま》と求聞持法《ぐもんじほう》、及び断食の体験を述べておきたい。

八千枚護摩

護摩は、インドで三千年前に成立したリグ・ヴェーダの火法に由来する。火法を行う火神は、神と人との媒介者として、祭壇の供物を天に運ぶ使者であり、火中に供物を投ずることは諸神の元に供物を運び、供養者の本意を諸神に伝えることを意味した。この火祠《かし》の法から発展したのが密教の護摩である。

この密教の護摩の典拠となるのが『大日経《だいにちきょう》』である。護摩には外《げ》護摩と内《ない》護摩があり、炉に供物を捧げるのが外護摩であり、自己の無明煩悩を焼除して浄菩提心を成ずるのが内護摩であると説かれている。

この内護摩観により、外護摩を精神化し、浄化することが密教の特質となっている。すなわち、解脱《げだつ》を目的としているが、そこに導くための方便として世間の願望を成就させることも重要視しているのである。

八千枚護摩は、『立印軌《りゅういんき》』という儀軌《ぎき》にあるところからインド、中国で修せられたものと思われる。八千枚の八千には二つの意味がある。一つは、ブッダが衆生の教化《きょうけ》のために八千度娑婆《しゃば》を往来されたとの説である。もう一つは、八千の八を唯識《ゆいしき》で説く八識《はっしき》とし、それぞれの識に千の煩悩があることから八千とする説である。

具体的にどのような行なのかといえば、七日間穀物を断ち、野菜だけ食べて不動明王の真言《しんごん》を十万遍誦じて護摩の修法《しゅほう》をし、この後一昼夜断食して八千本の護摩木を焼くという行である。

この七日間の行を正行《しょうぎょう》という。正行の前に加行《けぎょう》という行を修す。加行期間は、行者の機根に応じて二週間、三週間、四週間などの日数を決め、毎日護摩を三度修法することになる。この加行の期間中にも、不動明王の真言を十万遍唱えなければならない。

私が最初に八千枚護摩を修したのは、昭和五十一年であった。それ以来、計九度行じてきた。八千枚護摩、求聞持法については、小本『行に生きる』（東方出版刊）に詳しく体験を記しているので、興味のある方は参考にしていただきたい。

私は、八千枚護摩の正行期間のほとんどを断食・断塩で行じてきた。この期間は野菜を食し、塩分を摂取してもよいのであるが、より厳しく行じたいとの思いが強かったので、断食・断塩で修した。口にするのは水だけである。

一座四時間強、それを一日三座行じるが、断食・断塩の影響で疲労が強く、修法中、腰、膝、肩、背中などに激しい苦痛を受けた。行中は必ず身体のどこかに苦痛を感じていた。行が進むにつれて毎日確実に痩せて身体がだるくなり、横になる以外は終始耳鳴りがし、立ちくらみが激しくなっていった。

身体が衰弱していくと、煩悩や妄想が盛んに涌いてきた。それらは執拗であった。制しても一時的であり、すぐに涌いてきて行の邪魔をするのである。このことも苦痛であった。だが、このような状態でも気力は衰えることはなかった。気力を保って煩悩・妄想を制し、心を静めて三昧《さんまい》に入るように努めた。鈍根劣器《どんこんれっき》のためであろうか、三昧に入るのに困難を極めた。入れるときがあっても、ごく短時間であった。

行の最後の座で、八千本の護摩木を不動明王の真言を唱えながら集中して炉の中に投入するのは、火生三昧《かしょうざんまい》に入ることを目的としたものである。火生三昧とは、不動明王の三味のことであり、全身炎となって煩悩を焼き尽くすという三昧に住することをいう。不動明王と一体になることを目指したものであるから、いかに集中して行じるかが焦点となる。

三昧に入るためには、まず集中しなければならない。集中がなければ、絶対に三昧に入ることはできない。ところが、炎の熱さと身体の衰弱のために集中しようと心がけても、思うように集中できなかった。集中していても短時間であり、すぐに途切れてしまうことが多かった。以上のような内容の行が六度目まで続いた。八千枚護摩は、私にとって苦行であった。

これまでの行と違っていると実感できるようになったのは、七度目の行からであった。行中に煩悩や妄想が涌いてくることはほとんどなく、毎日体力が落ちても平静であった。最後の座の焼八千枚は苦痛であったが、心は平安であった。

八度目の行は、充実していた。言葉で具体的に表現できないが、初めから何か大きな流れに入っているようであった。八日間の断食であったが、苦痛ではなく、煩悩・妄想があまり涌くこともなかった。そのため楽に感じ、しかも充実していた。楽を体験してはじめて苦行が分かったのである。苦行だけで終っていたならば、苦行の本当の意味が分からなかったと思う。

九度目の行は、これまでとは全く違った体験となった。正行の前の加行を行じていたときのことである。早朝の護摩修法の中で、字輪観《じりんがん》を観想していた。字輪観とは、心の中に月輪《がちりん》を観じ、月輪の中に梵字を布列し、梵字の字相、字義等を観じて、本尊の意密《いみつ》と行者の意業《いごう》が本来一つであることを観ずる重要な観想である。

観想にある本不生《ほんぷしょう》はダンマであるとひらめいたとき、不動明王はダンマであると直観した。そのまま歓びとなり、歓びはそのまま続き、本尊段に入って不動明王の真言を唱えながら護摩木を炉中に投入していると、投入しているのは私ではなく、不動明王が投入していると感じた。

このときの行の内容について、次の章で詳しく述べることにするが、過去のいかなる行よりも最も充実していたように思う。

八千枚護摩は、例えば二週間の加行を修す場合、一週間位たってから身体も心も少しずつ慣れてくるものである。ところが、慣れたころに次の正行に入らなければならない。正行に慣れたときには焼八千枚の座というように、段階的に行が厳しくなるので、身体と心が慣れて安定することが難しいと思っている。

虚空蔵求聞持法

虚空蔵求聞持法《こくうぞうぐもんじほう》とは、虚空蔵菩薩を本尊とする法である。この法の原典は、インドで成立した『金剛頂経《こんごうちょうきょう》』の中に求めることができる。この虚空蔵求聞持法を善無畏三蔵《ぜんむいさんぞう》に師事していた大安寺の道慈律師《どうじりっし》が唐から請来《しょうらい》した。

奈良時代、修行僧は吉野の比蘇山寺をはじめ、処々方々の山林で自然智《じねんち》を獲得するために、この求聞持法を修していたようである。

空海は、この自然智の獲得を目指していた派の一沙門《しゃもん》から求聞持法を受け、阿波の大《たい》瀧嶽《りゅうがたけ》や土佐の室戸崎《むろとみさき》で修した。求聞持法の修練の結果、出家の決意を固めたとされている。

空海の求聞持法の目的は、「一切の教法《きょうほう》の文義《もんぎ》を暗記する」ためであった。空海の著である『三教指帰《さんごうしいき》』に、

もし人、法に依りて此の真言を一百万遍誦ずれば、即ち一切の教法の文義暗記することを得

とあることからうかがわれる。

当時の求聞持法は、特定の師から伝授を受けるということはなかった。記憶力増進のた

め、百万遍を念誦することが目的であった。しかし、本来は、成仏《じょうぶつ》が究極の目的とならなければならないものである。

現在伝わっている求聞持法は、もちろん虚空蔵菩薩の真言を百万遍念誦することが中心の行である。行の日数は、五十日・七十五日・百日などと決められている。これらの日数の間に百万遍唱えることになる。例えば、百日間の日数で、一日一座修するならば一座一万遍になり、二座の場合は一座五千遍となる。

求聞持法の本尊　虚空蔵菩薩（観音寺蔵）

食事は一日二食で、正午を過ぎると食しない。米飯と野菜だけであり、塩分を摂取してもよい。ただ食してはいけない野菜もある。

起床から就寝まで厳密な作法があるのも求聞持法の特徴である。起床、便所や洗面、口を漱ぐときの作法から一日の行が始まる。水行を行じ、本尊に清浄な水を供養するための閼伽水《あかすい》を汲む作法、虚空蔵菩薩の化身《けしん》とされる明星《みょうじょう》を礼拝《らいはい》する作法と続く。次に、お堂に入るための作法の後入堂し、求聞持法の次第《しだい》にしたがって修すわけである。

その他、朝夕のお経の読誦《どくじゅ》、お堂の内外の掃除、諸堂の参拝は毎日行わなければならない。

私は、求聞持法を宮島の弥山で二度修した。いずれも五十日間で修した。一回目は、修すことに精一杯であった。二回目は、一回目に満足していなかったので、より厳しく修すことにした。五十日間一日二食で、そば粉と野菜、果物だけを食した。穀物を断ち、塩分も断った。

午前二時起床。水行、閼伽水汲み、明星礼拝作法から始まり、一日二度入堂して修法に励むわけである。一座の修法時間は、四時間半ほどである。坐法は、右足を左足の股に乗せて組む半跏趺坐《はんかふざ》である。

行を始めて一週間位は、身体上の疲労と苦痛に苦しんだ。一座四時間半で一日二座、毎日足を組んで修法するわけであり、しかも断穀・断塩の影響もあって四日目は身体上の苦痛が最大であった。特に膝と背中の痛みが激しく、虚空蔵菩薩の真言の念誦が度々中断するほどであった。三昧どころではなかった。だが、気力の衰えはなかった。

八日目には、身体が痩せてくるのがはっきりと分かった。皮膚の艶もなくなってきた。九日目になって、やっと長時間坐すことに慣れ、行に適した身体になってきた。煩悩・妄想が涌いてきたとき、木の棒で足を叩いて励んでいた。

十日目に、浅い三昧であるが、念誦ではじめて入ることができた。歓びと共に意欲が涌いてきた。

しかし、このままの状態が続くことはなかった。身体が行に慣れてくると、今度は精神的な苦痛、つまり煩悩・妄想との闘いになってきた。断塩の影響ではじめ身体のだるさを感じていたが、十二日位経過すると、だるいのかだるくないのか分からなくなってきた。

十七日目になると、長時間の修法にも慣れ、身体が安定してきて念誦も充実するようになった。

十九日目、二十日目になると、念誦の集中ができ、浅い三昧に入れるようになった。

二十七日目に、念誦の途中で念誦の休息をとろうと思ったが、その都度不思議にも何かの強い力で続行させせられたように感じた。

三十一日目、三十二日目に、浅い三昧に入ることができた。

三十三日目に、五千の念誦までであったが、これまで経験したことのない安楽な境地に入ることができた。煩悩・妄想が涌くことがなく、ゆったりとした気持で念誦できた。

三十五日目に、念誦中線香の灰の落ちる音を二度聞いている。

三十六日目には、六度聞いている。心が明浄《みょうじょう》になっている証《あかし》でもある。煩悩・妄想に支配されることもなく、やっと求聞持の行らしくなってきた。

四十一日目になると、観想は自ずとできるようになり、月輪が鮮明になってきた。煩悩・妄想が涌いても、胸中に月輪を観想すると、煩悩・妄想がすっと消えるようになった。

四十二日目の早朝の座で念誦していると、歓びという固まりが腰のあたりから背中にかけて左右に揺れながら上っていくように感じた。同日の午後の座でも、腹の底から熱い息吹のようなものが涌いてくるようで、歓びのため身体が震えた。修法そのものが楽しく、心は明浄で浄土にいるようであった。

四十五日目の午後の座の念誦で、これまで一番深く三昧に入ることができた。歓びで身体が震えそうであった。

四十七日目に、念誦によって最高の三昧を体験した。

以上が二度目の求聞持法の体験の内容である。八千枚護摩とは異なり、五十日間同じ修法なので、身体が慣れてくると三昧に入れるようになった。身体の慣れは一回目より速かったが、断穀・断塩の影響で煩悩・妄想の質が強烈であり、抑制することが難しかった。結願《けちがん》が近づくにつれて三昧に入ることが多くなり、念誦が中断することが何度かあった。

行に入って二週間位は、どんどん痩せていった。二週間過ぎてから痩せ方が少なくなった。断穀・断塩の影響は強くあった。じっと坐っているときにはあまりないが、歩くときは心臓の鼓動が早くなり、特に午前二時過ぎの閼伽水汲みは困難であった。坂道なので帰りは何度も途中で足を止め、呼吸を調えなければならなかった。

三昧に入るという点では、八千枚護摩よりは求聞持法の方が入りやすかったといえる。

断食行

ブッダのようなすさまじい断食ではないが、私にも断食の体験がある。七日間の断食を五度、八日間を二度、九日間を一度、十四日間を一度、二十一日間を一度行ってきた。二十一日間の断食は平成五年であり、それ以後断食を行っていない。

二十一日間の断食の様子を記録に残しているので、それを記しておきたい。

断食中に口に入れるのは水だけで、一日に飲む量は約三百五十cc、それを五回に分けて飲んだ。密教の修法をしながらの断食であった。

〈身体の変化〉

断食一週間前より減食を行う。一日二食で七分粥、五分粥というように減食していく。断食に入る前日の食は、朝、茶碗一杯のおも湯に梅干一個、夜、茶碗一杯のおも湯だけにする。

胃が荒れていたとみえて重苦しく、一日目から三日目まで夜嘔吐する。嘔吐は三日間続いた。少し苦しんだ程度である。

断食を始めて七日目あたりから体調がよくなってくる。不思議なほど体調はよい。十六日目あたりから急に立つと目まいがするので、ゆっくり立つように心がける。二年前の十四日間の断食より体調はよかった。

平成三年に不動法《ふどうぼう》を修しながら十四日間の断食を行ったが、このときは苦しんだ。そのときの記録を追ってみると、

一日目　夕方より胃痛。疲労感強い。
二日目　疲れる。全身倦怠。皮膚の艶悪い。嘔吐。夕方大量の胃液吐く。
三日目　疲労感強い。声が細い。喉が渇きやすい。夕方胃液吐くが昨日ほどではない。
四日目　疲労強い。声が細い。喉が渇く。胃痛は少しよくなる。

五日目　少しだけ便が出る。ドロッとしている。疲労感強い。
六日目　便がすべて出る。身体が少し軽くなったようである。坐しているのは苦痛である。背中が痛む。疲労は少し弱くなる。坐していて立つと耳鳴りがする。体力が落ちているようだ。皮膚の艶が少しよくなる。頭はすっきりしている。
七日目　皮膚の艶はよい。頭は明晰である。動くと心臓の鼓動が速くなり苦痛。全身に疲労感。
九日目　坐しているときはそうでもないが、立っていると疲労が強い。胃の痛みはおさまっている。水がおいしく感じられる。行に対する意欲が少し強くなってきている。
十日目から十四日目　九日目と同じ。

十四日間の断食の感想として、
疲労が強く、三昧に入ることは困難であった。頭は明晰であった。食欲は最後まで執拗であった。水一杯にいのちがあると感謝した。食欲以外の煩悩にとらわれることはあまりなかった。
と記している。

苦痛の中、三昧に入ることを心がけていたことがうかがえる。
元にもどって二十一日間の断食の記録を追うと、
行に対する不安は全くなかった。適度な緊張感があり、充実していた。十二日目に「不可思議な力」というか、「如来のいのち」としか表現できないものに支えられていると実感して以来、感謝と歓びの気持が続いた。やすらぎの心が続いた。このような中でいくつかのことが分かった。

〈心の変化〉

① 悟ろうという思いをもって行じても、悟りは逃げるだけである。行じなければ悟りはほど遠い。悟りへの思いを離れて、ただひたすら行じることとしかない。なぜならば、悟ろうとの思いは我《が》であり、執着《しゅうじゃく》となるからである。

② 煩悩をなくすための修行という形をとることは、間違いであるように思える。自らの力で煩悩をなくすことはできない。自らの力で我をなくすことはできない。

③ 如来のいのちは、我や煩悩に左右されず、我や煩悩をこえてこちらにはたらきかけてくれる。そうすると我や煩悩は問題ではない。

④　如来のいのちに支えられていると感じてから、「即身成仏偈《そくしんじょうぶつげ》」が不思議と理解できるようになった。頭の理解とは違うようである。

⑤　十四日間の断食よりは楽なので、このまま死ぬまで断食を続けようかとの自死の思いが出てきた。

以上、便宜上身体と心に分けて述べたが、本《もと》より身体と心が別々にはたらいているのではない。実際は密接不可分の関係にあり、全人格的にとらえなければならないものである。如来のいのちの実感は一体何なのか。いのちは、いのちという表現でよいのだろうか。また、他に適切な言葉があるのだろうか。このことを究明する必要がある。

〈断食の感想〉

断食すると血液が浄化され、老廃物が出て、細胞も内臓も若返るとされているが、短所もあり、断食に反対する医師もいることを忘れてはならない。

断食を評価する本には、長所ばかり強調して書かれていることが多い。ブッダをはじめ偉大な宗教家は、断食によって悟ったなどと誤った解釈をしているが、断食をしたから悟れるということはない。

次に、私の体験から短所について述べると、

① 体力が消耗するので、集中力が続かない。
② 断食後の復食の調整を誤ると危険である。内臓を痛める恐れがある。
③ 浄・不浄の観念が強くなる。食物に神経を使い過ぎたり、浄を好み、不浄を嫌うようになる。浄・不浄の分別心《ふんべつしん》が強くなり、このことから人の差別にまで発展する恐れがある。浄・不浄にとらわれて、結果として苦になってしまう。
④ 断食による生理的な頭の明晰さと定に入ったときの明晰さは違う。定に入っているときの方がはるかに明晰であり、全人格的な深まりがある。断食による明晰さは、表面的である。

以上が私の断食の体験と感想である。

長期間の断食は、身体を疲労衰弱させ、そのことが原因で気力を萎えさせてしまう恐れがある。密教の修法や冥想には、集中力が重要である。集中力には、身体と気力の充実が必要である。過度の断食は、体力を消耗させ、いくら気力が充実していても集中力が続かなくなる。断食は、苦行の一つであるが、あくまでも手段であって目的ではないということである。

四、苦行への思い

苦行を終えた後、もうこんな苦しい行はしたくないと思っていても、時間がたって気力が回復してくると、もう一度行じたいとの思いが涌いてきた。意識の奥底から行に対する熱意といったものが自ずと涌き上ってくるのである。このことが行の継続となった。

私の意識ではない、何かのはたらきがあるようで不思議であり、不可思議であった。このような思いの中で、私も苦行らしき行を続けてきた。ブッダのように六、七年間集中して行じたわけではないが、身体と精神を極度に痛めつける行はよくないと言えるようになったのは二十一年目であった。

苦行を過大評価する傾向があるが、仏道において苦行を目標とする姿勢は誤りである。苦行を目標とすれば、苦行にとらわれて慢《まん》になる恐れが強い。慢は、四惑《しわく》という強い煩悩の一つであるから、行によって煩悩のはたらきから離れなければならないのに、煩悩が強くなるという逆の道を進むことになる。これは、苦悩・迷いそのものである。

仏道への志が低いから苦行が目標になるのである。いかに容易になし得ない苦行を行じても、慢が出ればその行は価値の低い行となる。かえって心を汚す行となる。心を汚す行とは、悪業《あくごう》を自らつくることであり、宿業《しゅくごう》となってやがては自己を苦しめることになる。行は、あくまでも手段であることを忘れてはならない。

中国の禅僧大慧《だいえ》は、公案禅《こうあんぜん》の大成者として評価されているが、次のような話を紹介している。

昔、婆修盤頭《ばしゅばんず》という僧は、毎日一食で横臥もせず、六時に仏を拝み、清浄無欲で衆人の帰依を受けていた。二十祖の闍夜多《じゃやた》が彼を済度しようと思って、彼の弟子たちに、「婆修盤頭は、まじめに清浄行を修めているが、仏道が得られるのだろうか」と尋ねた。弟子たちは、「わが師は、これほど精進しています。どうして得られないはずがありましょうか」と反論した。すると闍夜多は、「お前の師匠は、道からずっと離れている。いくら長時間苦行しても、みな虚妄《こもう》の本である」と伝えた。

弟子たちは、怒りをおさえきれず、皆顔色を変え、声をあらげて、「あなたはどれほどの徳行があって、わが師をそしるのですか」と闍夜多に文句を言った。闍夜多は、「わしは道を求めもしなければ、顛倒《てんどう》もしていない。わしは仏を拝みもしなければ、あなどりもしない。わしは長坐もしないが、怠けもしない。わしは日に一度と決めもしないが、放埓に食べもしない。わしは足ることも知らないが、欲ばりもしない。心に何の願いもないのを道と名づけるのだ」と言った。

婆修盤頭は、熱心に精進を重ねて修行していた。苦行といえるものであった。ところが闍夜多は、そんな苦行をしても迷っているだけであると断言した。苦行のための苦行は駄目であり、心構えそのものが間違っていると伝えたのである。それは、闍夜多が無願《むがん》という悟りの境地に入っており、ものごとへのとらわれから離れて自由な境地から婆修盤頭の修行を見つめていたから断言できたのである。

私は、三昧を求めていたが、苦行の中で三昧に入ることは困難であった。三昧には、まず心の集中が大切であるが、苦痛の中で集中することは難しい。集中が続かない。それでも集中するように努めた。このことは結果として正しかったといえる。

ブッダが苦行を否定したからといって、われわれが苦行をせずに苦行を否定することはおかしい。苦行だけでは悟れないことは事実であるが、正しい心構えでの苦行には評価すべきものがある。

求道心の持続には、強い信念と精神力が必要である。苦行によって忍耐力がつくことは確かであり、精神力や宗教的信念が強くなるものである。しかし、いくら苦行を行じても、心構えが悪ければ魔道に落ちることになりかねない。苦行は、両刃の剣のようなものといえる。

また、苦行は、直接宗教体験に通じるものではない。本当は、「何を行じたのか」より、「行じてどのような境地になったのか」が重要である。ところが、「何を行じたのか」のみを評価して、「どのような境地になったのか」まで評価が届かないのが真言宗の現実である。

苦行の中で境地を深めることは難しい。ところが行の後、冥想を修していると体力が回復しつつある途中から境地が深まってくるのである。私の場合、常にそうであった。そのためブッダが苦行を離れて冥想に専念して悟りを得たことは、よく理解できるし、当然だと思えるのである。

第二章

宗教体験への道

一、明師を求める

明師の条件

仏道に明師《みょうし》は必要である。自己流で行じることは禁物である。自己流は易きに流れ、正邪を誤り、魔道に陥り、苦悩・迷いとなる恐れが強い。古来、仏道を真剣に求めた修行者は、立派な師に遇うことを願った。また、勝れた仏道者は、勝れた師に接していた。

どのような人が明師といえるのだろうか。私は、次の四つの条件を考えている。

まず、深い境地に達している師、見地《けんち》の明らかな正師《しょうし》を選ぶことである。

本当は悟りを体得している師がいれば充分であるが、今の世にそのような師がいるのだろうか、という時代であるからそこまで求めなくても、深い境地を体験していることは不可欠である。

勝れた師に遇うことは容易ではない。親鸞聖人は、『浄土和讃』で、

善知識《ぜんちしき》に遇うことも

この善知識が法を説くこともまれであり、

よくその教えを聞くこともまれであり、
信じることもほとんどない

と善知識との出会いの難しさを述べている。

善知識は、明師と同じ意味である。明師に遇えるのは、仏縁に依るとしかいえない。求めたからといって、明師に遇えるとは限らないのである。

明師・正師がなぜ大切かというと、弟子は師によって影響を受け、仏道そのものが左右されるからである。明師に師事すれば正しい仏道を歩むことになり、邪師に師事すれば邪道を歩むことになる。

二番目は、常に境地を深めるように精進している師である。

悟りを体験していても、何もしなければ境地は後退してしまう。人は、宿業の身である。無限といっていい程の過去からの宿業を受けている。

宿業は限りなく深く、闇であり、どろどろしたものである。悟りによって闇が開かれても、すぐに閉じられてしまう。境地を深めれば深めるほど宿業の闇が見えてくるものである。それに気づいた人は、境地を深める努力を止めないはずである。逆に明師は、宿業の闇の深さに気づいた人ともいえる。

三番目は、「この人が師である」と直観的に感じる師である。

私の仏道の師であった玉城康四郎先生が、大学を卒業して友人の紹介で京都の足利浄円師を訪ねたことがあった。師は、着流しのまま玄関先に出てこられた。その瞬間、玉城先生は、アッこの先生だと直覚されたという。

今まで何人もの人に出会っていたが、求道の筋において全面的に信頼できる人に会っていなかった。ところが、たった一目で、足利浄円師が師であると確信したとのことである。なぜ瞬間にそう思ったのか、玉城先生は因縁という外はないと言われている。

四番目は、全幅の信頼がおける師であるかどうかである。

自分がこの人だと思って師事しても、師と弟子の相性がよくなくては続かない。信頼関係も崩れてしまい、修行どころではなくなる。一度師であると決めると、絶対にこの人に師事して修行するとの覚悟をもたなければならない。

道元禅師は、『正法眼蔵《しょうぼうげんぞう》』の中で、
ブッダが言うには、究極の悟りを説き示す師にめぐりあおうと思うなら、その人の家柄にこだわってはいけない。容貌を見てはならないし、欠点を嫌ってはならない。行いを考えてはいけない。ただ仏法の智慧を尊重するために、日々の食事に百千両の黄金をつくすべきである。天上の食事をおくって供養すべきである。天上の華を散らして供養すべきである。日々に、朝・昼・夜の三時に礼拝し、恭敬して、決してわずらわしいと思う心をおこしてはいけない。

と説いている。

師にめぐりあったら、出身とか風貌、行為など問題ではなく、何が一番大切かといえば、仏法の智慧をいただいているかどうか、正覚《しょうがく》を得ているかどうかが問題である。そういう師に対しては尊重して敬わなければならない、とのことである。

また、親鸞聖人の師法然上人に対する信頼には、並々ならぬものがあった。

この親鸞にあっては、「ただ念仏をとなえて、弥陀におたすけいただくこと」と言われたわが師法然のおおせられたお言葉をそのままに受けて信じるだけで、そのほかに別に何もない。

との信頼があった。

さらに、

かりに万一、法然上人にだまされて、念仏をとなえて地獄に堕ちるようなことになったとしても、なんら後悔などしない。

という全幅の信頼があった。

このように、この人なら絶対ついていけるという信頼をもつことが求道の永遠性につながるのである。師と弟子は、互いに響き合うものがないと続かないといえる。

仏道の明師

私は、高野山で出家し、一年間真言密教の基本を学んだ。その後、二年間山にとどまり、求聞持法、八千枚護摩を行じた。その間、私はずっと迷っていた。「真言の行で果たして悟れるのだろうか」との疑いであった。

宗門内に人を訪ねてこのことの確信を得ようとしたが、満足のいく返事はなかった。求道の炎を燃している僧侶に出会うこともなかった。密教では師弟の関係は大切であるが、形式的な師弟関係よりも真の師を私は求めていた。

そのため、宗門外に人を訪ねた。厳しい修行を行じている人はいたが、悟りの話を聞くことはなかった。学問を説く人はいても仏道を説く人は希であり、悟りを語る人はいなかった。真剣に仏道を歩んでいる立派な人はいたが、「この人だ」という人はいなかった。

そのためブッダをはじめ、先徳者たちの修行や教えを求道心の糧とした。特にブッダの苦行は、私にとって憧れでもあった。仏道の話をする人がいない中、私は孤独で行じていた。

私の修行の中心は、三昧であった。毎日の冥想や密教の修法、苦行でも三昧に入ることを目指していた。悟りの体得には、三昧しかないと信じていたからである。

私に勝縁ができたのは、昭和五十五年の夏であった。出家してから六年目のことである。五月に、それまで求聞持法を二度修していた弥山本堂よりもさらに奥に三十分ほど下った奥院《おくのいん》に籠って七日間の断食をした。

この後、三週間の弥山回峰《かいほう》を行じたわけであるが、この行の前に本屋でふと見つけた『白象《びゃくぞう》の普賢《ふげん》』という本を持参した。入堂の合間に、むさぼるようにして読んだ。「自分の求めているものがここにある」と思った。新鮮な感動と共に、不思議にも懐かしさが強くなった。著者である玉城康四郎先生にお会いしたいという希望ではなく、是非お会いしなければならないとの信念になった。

昭和五十五年七月にご自宅を訪問することができた。私は、行を終えた後や宗教的体験の後、しばらく安心《あんじん》を得ているかのような状態が続くが、また元通りになってしまう、一つの大きなどす黒い壁は何なのか、と質問した。

玉城先生は、「その壁は、業《ごう》である」と言われた。「業である」との一言は、私にとって鮮烈であり、強く心に響いた。

この後、先生から仏教・仏道の教えをご教示いただいた。境地の深さと該博な知識に驚嘆した。初対面にもかかわらず、全く不思議なことに先生に懐かしさを感じてしまった。懐かしさとしか表現の方法がないのである。

このことが縁となり、年に二、三回訪問するようになった。そのうち玉城先生は私にとって明眼《みょうげん》の師であると確信できるようになったのである。

私の仏道の姿勢は、三昧を体験して境地を深めるということであった。冥想・修法を通じて三昧に入るように精進を重ねていった。ところが、求めても求めても壁を感じた。壁を破ることはできなかった。

その壁は、過去からの宿業であり、今はたらいている我執《がしゅう》であることが先生の教えから分かってきた。宿業の身とは、業熟体《ごうじゅくたい》ということである。業熟体は、玉城先生独自の表現である。業熟体について、次のように述べられている。

限りない過去から、生きとし生けるもの、ありとあらゆるものと交わりつつ、生まれかわり死にかわり、死にかわり生まれかわりしながら輪廻転生《りんねてんしょう》し、いま、ここに現れつつある私自身の総括体であると同時に、ありとあらゆるものと交わっているが故に、宇宙共同体の結び目である。私性の極みであるとともに公性の極みである。しかも、その根底は、底なく深く、無意識であり、無智であり、無明《むみょう》であり、暗黒であり、あくたもくた、へどろもどろである。

この業熟体にこそ、ダンマが顕になると言われた。ブッダが悟られたのは、ダンマが顕になったからであるとのことであった。ダンマは形のないいのちとしか言えないものである、と教えていただいた。

無明であり、どろどろした身であるこの業熟体にダンマが顕になるとの教えに、救われる思いがした。

また、我執を自己の力で無くすことはできないとの教えもそうであった。我執と宿業を自力《じりき》で突破しようとしていた私の考えは、全く誤りであったことに気づかせていただいた。この教えは、私にとって仏道の心構えの転換となる大変貴重なものであった。何が何でも自力で三昧に入り、悟りを体得するのだと自力の執着に支配されていた私の肩の力がふっと抜けるようであった。

私の境地を先生に伝え、評していただき、それを励みにして精進を重ねていった。私の境地は、次第に変化していった。

先生は、晩年になり熟してこられた。

平成五年十二月、七十八歳。

求め心が抜け落ちて以来、ものすごいダンマの力が体の中に落ちてきて、虚空、宇宙に向って放たれていった。毎日、ダンマが顕になった状態になった。

平成六年十一月、七十九歳。

夜中に目が覚めた。トイレに行き、口をそそぎ、床に入った。横になったとき『法華経』にある「如来の子」となった。呼吸の静まりと同時に、「如来の子」のイメージが消えていった。消えたかと思ったと同時に、秋の大空が頭からどこまでも澄みわたって動いてきた。どこまでいっても、空、空……。清らかさそのもの、いのちそのものの、動いてやまないいのちそのもの、全身そのもので合掌となる。

平成八年六月、八十歳。

如来がはたらき続けている。どこまでも深く、じわっと吹き出てくる。体がどこまでも浄化されていく。浄化されている体は、私の体ではない。業の深さが無限であるゆえに、浄化も無限である。浄化されていくことは、如来の命令である。

平成九年六月、八十一歳。

七十八歳で求め心が無くなった。これ以後、ダンマが入定の度毎に通徹するようになった。通徹の内容が大きな違いとなった。ごく最近は、ずっと心を落ち着けて、如来を唯念ずるということをはじめなくても、如来を思い出すや否や如来が顕になってくる。覚悟が決まると、さほどの努力なしに深まっていく。浄土である。

平成十年六月、八十二歳。

ダンマが顕れ出すことは入口である。滲透したダンマが体から放散される。すでに体の中に如来が充足している。坐禅することは自力ではない。仏によってうち任せられている。『大日経』では、成仏していると説かれている。禅定に入ることは平安になっており、そのまま自然にそうなっている。仏によって行ぜられるのである。自分が如来によって動かされているので極楽浄土である。

平成十年十一月、八十三歳。

どんどん深まっていったのは、七十八歳からである。求め心が落ちてダンマが顕れてくる。そして深まっていく。究極態と思っていたが、それでも深まっていく。八十歳の誕生日の前の日から深まりが外へ拡散していった。

自我が、ダンマ・如来となってあふれていくから全宇宙となる。自分がダンマ・如来となっている。充足しているから自我がなくなる。うち任すと充足する。ダンマ・如来に満たされ、ダンマ・如来のはたらきを受け、ダンマ・如来のはたらきのままにうち任せておられることがうかがえる。この境地は、私ごとき凡愚の身には想像を絶するような深さである。

先生に、「ブッダと盤珪禅師《ばんけいぜんじ》と玉城先生にどういうわけか懐しさを感じる」と伝えると、先生はしばらく考えておられたが、「土性《どしょう》としかいえない」と言われた。土性とは、浄土のことである。

平成十年十一月の面授が、玉城先生との最後になった。先生は、翌年の一月十四日に還《げん》浄《じょう》された。私は、先生から十八年間指導を受けてきた。歩むべき仏道の道筋を残してくださった。その道を生涯かけて歩み続けたいと覚悟している。

二、三昧に徹する

三昧の意義

空海は、『秘蔵宝鑰《ひぞうほうやく》』で、

頭を剃っても欲を剃らず、衣を染めても心を染めてはいない。戒定慧《かいじょうえ》の三学はまことに乏しく、仏法に背くことのみが多い。日夜に営々とし、朝夕に贈物をして権力者のとりまき連中まで取り入っているようなありさまである。これがために僧風は衰えかわり、仏道もこれによってすたれかけている。

と嘆いている。空海が生きた時代には、すでに戒定慧の三学を修める人が少なくなっていたことがうかがえる。

仏道の根幹は、戒定慧の三学である。三学は三勝学ともいい、仏道を修行する者が修めなければならない徳目である。

仏道修行で目標としなければならないのは、三学の中の慧学である。慧学とは、智慧の体得である。智慧の体得とは、仏智《ぶっち》が開かれることである。

そのためには定学、すなわち禅定《ぜんじょう》を修める必要があり、三昧を体得しなければならない。三昧を体得するための条件づくりが戒学である。戒学とは戒律のことであるが、仏道の実践からすれば、三昧に入りやすくするための戒律ということになる。日常生活が乱れないように抑制することである。

仏道の目標は、仏智が開かれることであるから、そのための絶対条件は三昧の体得である。したがって、三昧の体得無しに、仏道の深まりはあり得ないということになる。

空海は、『即身成仏義』の中で、限りなく長い間修行して悟りを開くのではなく、この身体のままで悟りを開くことができるとし、その典拠は密教経典の『金輪時処軌《こんりんじしょき》』の、

　この三昧を修すれば、現《うつつ》に悟りを体得する。

にあるとした。

空海は、三昧の必要性を強調しているといえる。

三昧への誤解がある。一般に使われている何々三昧という表現がある。釣に夢中になる釣三昧、読書に夢中になる読書三昧があるし、賭事で家庭を破壊させるような放蕩三昧というのもある。これらの三昧は、無我夢中の意味であるが、何かの対象に執着していることである。

仏道の三昧は、悟りを体得するために熱心に行じるわけであるから、一見悟りに執着しているように思える。どこが違うのであろうか。釣三昧は、魚を釣るという対象にとらわれることであり、執着をこえることができない。執着のための執着といえる。ところが、仏道の三昧は、執着をこえる、執着を離れるための執着といえる。目指すところは、このように大きな隔たりがあるのである。

三昧とは何か

三昧は、分別で理解できるものではない。体験を通して三昧と分かるものである。三昧の体得に最も適しているのは冥想であろう。冥想といっても、正しい冥想を実修しなければ三昧に入ることは難しい。

私は、呼吸に集中する冥想を長年修している。ブッダは、息の出入《しゅつにゅう》を調える冥想法である入出息念定《にっしっそくねんじょう》を修していた。

密教の修法で三昧に入ることは可能であるが、熟達しないと難しい。身口意の三業による統一が容易ではないからである。冥想による三昧と修法による三昧は同じ境地である。

それでは、三昧とはどのような境地なのか。道元禅師の『正法眼蔵』によると、ただひとえに、わが身も心もまったく忘れ去って、すべてを仏の家に投げ入れ、仏の方から催され、いとなまれて、ひたすらそれに随っていくとき、力も入れず、心も費やすことなくして、いつしか生死《しょうじ》を離れ、仏となっている。

とある。

このように全人格を放ち忘れて、すべてを仏にゆだねて、一つに融け合っているような状態が三昧の境地といえる。

次に、私の冥想体験から三昧について述べることにする。普通、身体と呼吸と心の三つは、統一されることなくそれぞれは別々にはたらいている。このことが三昧にとって問題なのである。三昧に入るためには、まず集中が必要である。

密教の冥想は、月輪や梵字の阿字《あじ》に集中する観想法である。これには自己と月輪、自己と阿字というように、分別がはたらいている。分別で観想するので、自己と観想の対象が一つになることは難しい。一つになることは、無相《むそう》になることである。観想によって有相《うそう》から無相に入ることは困難といえる。

私の修している冥想法は、呼吸に集中する法である。後の章でくわしく述べるが、吐く息に集中する。呼吸は、自分の問題である。月輪や阿字のように観想の対象をもたない。

そのため集中力が増すといえる。

煩悩・妄想が涌いてきたとき、意識的に否定すべきではない。意識で否定しても、消えることはない。涌いてきても呼吸にのみ集中するように心がけることが大切である。

次に、吐く息に集中していると、身体・呼吸・心という別々のものが一つになってくる。これが統一である。統一されると、意識に変化が起こる。身体の感覚が徐々に無くなっていく。身体は安らいでおり、呼吸は意識することなく行われている。心は安定して統一されている。煩悩・妄想に影響されることはない。

さらに続けていると、身体という意識は消え、呼吸を意識することなく、自然な呼吸になっている。煩悩・妄想を意識することはない。あらゆるとらわれから離れており、しかも意識は明敏である。法界と一つになっている。融け合っている。ただ〳〵清浄であるとしかいえない。このことが三昧である。

三昧に入るのは、自己の力ではない。如来のはたらきである。如来のはたらきを受けるから三昧に入れるのである。三昧は、心だけが静まるのではない。全人格が静まる。全人格が静まらないと三昧とはならない。

三昧に入ると、うち任せるだけである。ただ如来にうち任せるだけである。それしかないのである。如来にうち任せるとは、呼吸にうち任せることである。うち任せていると、うち任せることも意識しなくなる。

だが、三昧は目標ではなく、あくまでも手段である。三昧を一度体験したからといって、宗教体験できるというものではない。何度も体験して熟していかなければならない。そのことに徹するしかないといえる。

三、私の宗教体験

私は、悟りという言葉を使わずに、「宗教体験」という言葉を使っている。悟りを完成という意味を含んで表現していることがある。

本来、人間がいかなる境地に達しても、完成という到達点はあり得ないと考えているからである。境地の深まりは、宿業の深さと同じく無限だと思っている。人間の一生に境地の完成などあり得ない。いかなる境地の深まりも、一つの通過点であり、一つの体験でしかない。そのため、私自身の体験を宗教体験と表している。

宗教体験は、宗教的体験とも違う。宗教体験は、仏智の体得に通じるものであり、宗教的体験は、宗教上の行為による結果であっても仏智の体得と直接関係しないので、内容的に隔たりがある。

ここでは、宗教体験にいたるまでの重要な体験と境地の内容を述べることにする。

㈠　平成四年十月に八度目の八千枚護摩を行じた。正行の八日間断食しても苦痛はなく、これまでの八千枚護摩行の中で最も充実していた。煩悩・妄想にあまり支配されることはなかった。加行、正行と続くわけであるが、加行の初めから何か大きな流れに入っているようであった。このような境地は初めてであり、不思議であった。

㈡　平成五年三月にも同じような体験があった。早朝、入堂の後坐ろうとしたとき、「ある流れの中にいる」と実感した。それから二週間ほど後、冥想で三昧に入っていた。定から出ようとしたとき、自分の意思とは逆に何かに引っ張られるように、再び三昧に引き戻された。

不可思議な体験であったので、後日、玉城先生にこのことをお尋ねした。玉城先生は、「ある流れ」とは、ダンマの流れであり、「引っ張られる」とは、ダンマのはたらきであると言われた。ダンマと指摘されても、ダンマが何であるのか分からなかった。

(三) 平成五年七月、護摩修法中に鮮明に観想ができた。護摩修法でこれほど鮮やかに観想ができたのは初めてであった。

護摩修法は、五段の組み立てとなっている。修法は、行者自身が各段の主尊になると観想し、曼荼羅から主尊を招き、炉中の尊と一体になるように観想し、供養し、祈願し、曼荼羅に還っていただくという作法である。

中院流によると、一段目の主尊は火天、第二段は般若菩薩、第三段は不動明王、第四段は諸尊、第五段は不動明王と世天《せてん》である。このときの私の修法は、次のようなものであった。

心で観文《かんもん》を唱えると、自ずと極彩色の尊形《そんぎょう》が鮮明に観想できた。「私が観想している」との意識はなく、自ずと流れるがごとく観想できた。炉の中に護摩木を投入するのであるが、各段の主尊に手渡して焼尽していただくという気持で修していた。

供養、祈願の意味も分かったのである。

不動明王像（観音寺　護摩堂）

㈣　平成六年十月に九度目の八千枚護摩を行じた。加行中の早朝に護摩を修した。修法の中に字輪観の観想がある。真言密教の悟りは、即身成仏である。本不生という真理を体現したものが即身成仏である。即身成仏とは、本から悟っている、成仏していることである。字輪観は、本不生の内容を観じ、三昧に入るための観想法である。

字輪観を観想していたとき、本不生はダンマであり、不動明王であると直観的に感じた。だが、これは全人格的に感じたのではなく、体現したわけではない。そう感じたとき、歓喜《かんぎ》となった。その状態は、護摩供になっても続き、涙が出てきた。歓喜といっても小さな歓喜である。

護摩供の本尊段に入り、不動明王のご真言を唱えながら護摩木を炉中に投入しているとき、真言は私が唱えているのではなく、不動明王がお唱えしているのであり、それは如来の声であると感じた。護摩木の投入も、私が投入しているのではなく、不動明王が投入してくださっていると感じた。

修法が終り、護摩堂の戸を開けた。朝日を浴びて、木の一番上の枝で数羽の鳥が鳴きながら跳ねていた。それを見たとき、如来のいのちが輝いていると実感した。木々の緑の葉を見たとき、一枚〳〵の葉が生き〳〵と呼吸をしていると実感した。呼吸している一枚〳〵の葉は、如来のいのちの顕れだと実感した。

と同時に、不意に歓喜となり、涙が流れ出てきた。涙は、しばらくの間続いた。感情的な涙ではない。歓喜の涙である。歓喜の中に身を置いていた。

「鳥を見て如来のいのちの輝き」と感じたこと、「木の葉を見て如来のいのちの顕れ」と感じたことは、大日如来の説法《せっぽう》そのものと感じたように思える。そして、「全人格が歓喜に包まれ涙が出た」ことは、加持感応《かじかんのう》のように思える。後日、このように玉城先生にお尋ねした。先生は、「その通りです」と答えてくださった。

㈤　平成七年の八月から九月にかけて、一日一食で三週間の虚空蔵法《こくうぞうぼう》と冥想を修した。行中、極端に身体と精神を痛めつける行はよくないと気づいた。適度な行がよいとやっと言えるようになった。行の道に入って二十一年目のことであった。これまでは頭の中で苦行はよくないと理解していても、苦行を否定できなかった。よくないと言える根拠が無かったからである。凡庸な機根のため二十一年間もかかったわけである。平成六年十月の体験によって、私の境地に変化が生じたものと思える。この体験がよくないと言える根拠になったものと考えられるのである。

㈥　平成八年九月二十七日から十月十八日まで、一日一食で三週間の正観音法《しょうかんのんぼう》、不動法、冥想を修した。

十月十七日の早朝、冥想を修していた。途中、二年前の十月六日に「わっ」ときて歓喜となったその「わっ」が本不生だと気づいたそのとき、身体が軽く安らかになり、頭も明晰になった。

と同時に歓喜が徐々に身体全体に広がって、涙がじわっと出てきた。歓喜が全身に広がった瞬間、大きな歓喜となった。身体の中心から歓喜の固まりが吹き上げてきた。歓喜が爆発したようであった。同時に涙がとめどもなく流れた。歓喜は感情的なものではない。

歓喜は三十分ほど続いた。これは一体何事かと茫然とした。本不生と取り組んでいたので、『大日経』の、

われ本不生を覚《さと》り、語言《ごごん》の道《どう》を出過《しゅっか》し、諸過解脱《しょかげだつ》することを得る。因縁《いんねん》を遠《おん》離《り》せり。空《くう》は虚空《こくう》に等しと知る。


の句が頭に浮かんできて、この経文《きょうもん》の通りであると思った。

この後、隣のお堂に移り、真言宗の所依《しょえ》の経典である『理趣経《りしゅきょう》』の読誦を始めた。初段の「十七清浄句」をお唱えしていたとき、ここに説かれている通りだと気づいた。すると又もや歓喜となり、涙があふれ出てきた。しばらく歓喜と涙が続いたために読誦を続けることができなかった。

「十七清浄句」は、性的欲望を十七に分けてそれらが清浄であるとし、清浄な境地は菩薩の境地であるとしたものである。『理趣経』の核心の文句といえる。これまでは「十七清浄句」の意味が分からなかった。性的欲望が清浄であるとの内容を理解できなかった。だが、このときは「十七清浄句」を経文通りにうなずくことが

できたのである。

　この歓喜は、二年前の体験より大きな歓喜の体験であった。この体験に手応えがあったので、体験の一部始終を詳細に書き記して玉城先生に御送りした。

先生から次のような手紙が届いた。

拝復
　秋も深まりました。先日はお手紙ありがとうございました。少々風邪のため休んでおり御返事が延引しました。もうすっかり本復しました。

御行中に不可思議の本不生を体験され甚深微妙の喜び法味徹到この上なき慶事に存じます。呉々も御大事に聖胎長養切に念じ入ります。

　八十路をこえたこのような骸骨にどうしてダンマが奔騰するのか、ただただ不可称不可説不可思議です。これこそ究極態と思ったことがどれだけあったでしょうか。しかし、けっしてさにあらず、どこまで法熟していくか限りがありません。

　木の葉も色づき始めました。御当地の山野を偲んでおります。呉々も御大事重ねて念じ入ります。

敬具

玉城康四郎拝

十月二十六日

田原亮演様

玉案下

玉城康四郎先生と著者

聖胎長養《しょうたいちょうよう》とは、仏道修行を続けるために、仏の種子を宿す身体を長く養うことをいう。禅宗では、悟りの後の修行のことを指す。聖胎は、仏の種子を宿す身体の意である。

玉城先生は、私の体験を認めてくださったのである。私の仏道の歩みは間違っていなかったとの確信を得た。また、先生の導きがあったからこそ体験ができたと思った。

宗教体験は、不可思議である。突如体験となる。体験は、縁による。三昧によって境地が深まって熟することにより、縁にふれて体験となる。縁は、予測のつかないものである。

宗教体験をしても、境地はいつまでも続かない。私の場合、歓喜も次第にさめてきて、一週間もたたないうちに元の木阿弥になった。そして、以前のように我執のはたらきを受けることになったのである。それだけ我執は執拗といえる。

四、宗教体験の様相

ここで宗教体験について東西の書物から学んでおきたい。

ウィリアム・ジェイムズは、『宗教経験の諸相』の中で神秘状態を次のように分析している。

① 不立文字
不立文字《ふりゅうもんじ》とは、言葉で伝えることはできないとの意。神秘体験は、その内容を言語で伝えることはできない。体験をしない人に体験を伝えることは困難である。

② 知識的性質

神秘状態は、感情に似ているが、知識の状態にも似ている。また、神秘状態は、論理では分らない真理を直観で洞察する。

③　一時性

神秘状態は、半時間か、一、二時間が限度で、永続することはできない。

④　受動性

自らの意思が途絶えて、すぐれた力にとらえられていると感じることがしばしばある。

また、岸本英夫氏は、『宗教神秘主義』で神秘体験の特徴を次のように挙げている。

①　特異な直観性

この体験は、強く深く、直接に、心の最奥まで透徹する。特異な直観的な体験であり、他のいかなる心的体験とは全く異なった体験である。

②　実体感

体験の中で、無限の大きさと力をもった何者かと、直接に触れたような意識が生ずる。

③　歓喜高揚感

特有の心の歓びを伴う。究極の状態に到れば、歓喜は絶頂に達し、同時に、激しい高揚感を呼び起す。そして、これを契機として、心に、新しい、より高い、境地が啓けてきたという意識が生ずる。

④　表現の困難

この体験は、当事者には、何ものにもまして、鮮明に把握される。それにもかかわらず、これを表現し説明しようとすると著しい困難を来す。

岸本英夫氏の分析とウィリアム・ジェイムズの分析はほぼ共通しているが、歓喜高揚感については岸本英夫氏の方が詳しい。岸本氏の分析の通りだと思う。没入時間についてウィリアム・ジェイムズは半時間か長くて一、二時間としているが、私の場合三十分ほどであったので、この指摘もうなずくことができる。

歓喜について説いている経典が、大乗経典の『十地経《じゅうじきょう》』で、これはやがて『華厳経』の「十地品《じゅうじぼん》」になっている。初地、二地、三地から十地と十段階に分けて、菩薩の仏道の展開していく過程を説いたものである。地とは、境地のことである。

十地の最初の歓喜地は、菩薩の第一歩である。そのため「初歓喜地《しょかんぎじ》」という。真理を体得して歓喜となるという境地である。苦悩し迷っていた凡夫が、凡夫の境涯を超えて、如来の家に生まれたものとなる、といわれている。つまり、迷いの根源が破られて、自己に如来が顕になることが歓喜となるわけである。如来の家に生まれることは、如来が自己に顕になることをいう。

江戸時代から明治の初めにかけて活躍した臨済宗の名僧に今北洪川《いまきたこうせん》師がいる。洪川師は、二十五歳で京都相国寺の大拙和尚のもとで出家した。大拙和尚は、非常に厳格な人で鬼大拙と恐れられていた。

あまりにも厳しい指導に涙を流すこともあり、人に泣き顔を見られまいと僧堂の近くの池で顔を洗ったことが何度もあったという。決心して勇猛精進したが、最初の一歩が突破できなかった。

辛酸苦修、二年後のある日の夜、独り僧堂に入って坐禅中、気息あるを忘れて工夫三昧になり、前後際断《ぜんごさいだん》、疑団が氷釈《ひょうしゃく》瓦解《がかい》、忽然《こつねん》として白隠の隻手音聲《せきしゅおんじょう》を聞き得たのである。歓喜の余り手の舞い足の踏むところを知らずといった有様であったという。

深い三昧に入り、真如が自己に顕れたとき、公案が透過し、歓喜となり、歓喜は「手の舞い足の踏むを忘れる」ほどであったとのことである。

玉城先生も歓喜の体験をされている。昭和十六年二月七日の午後、東大図書館で『十地経』の歓喜地の所を見るともなしに見ていたときのことであった。このときの体験を次の

ように語られている。ご著書から引用すると、

何の前触れもなく突然、大爆発した。木っ端微塵《こっぱみじん》、雲散霧消してしまったのである。どれだけ時間が経ったか分からない。我に帰った途端、むくむくと腹の底から歓喜が涌きおこってきた。それが最初の意識であった。ながいあいだ悶え、求めに求めていた目覚めが初めて実現したのである。それは無条件であり、透明であり、何の曇りもなく、目覚めであることに毛ほどの疑念もない。私は喜びの中に、ただ茫然とするばかりであった。

と歓喜の瞬間を記されている。歓喜の状態は一週間ほど続いたが、十日も経つとまったく元の木阿弥になったとのことである。

岸本英夫氏は、神秘体験が現れてくる様相は、千変万化であるとし、その原因は個人的性格の相違、宗教的教養の深浅、修行方法の変化等によるとしている。

経典や先徳者の体験、私の体験からしても宗教体験に歓喜を伴うことは事実である。歓喜の体験は強烈であり、体験を契機として境地が開けてくることも真実である。

だが、宗教体験をしたからといって、仏道が達成されたということではない。やっと本来の仏道の出発点に立ったということである。私は、このようにとらえている。

第三章

境地の深まり

歓喜の体験後、境地に変化が生じた。一時的かと思い、一ヵ月以上そのままにしておいた。三昧に入りたい、悟りたいとの意識が無くなったのである。

この境地の変化は、不可思議であった。二十二年間、強く求め続けた意識が消えてしまった。悟りを求める心が無くなったのである。求める心が無くなったといって、何もしなくなったわけではない。以前と同じように修していた。五ヵ月過ぎても、求める心は消えたままであった。

平成九年八月に、玉城先生から入出息念定の伝授を受け、九月から十月にかけて一日一食で三週間の入出息念定を修した。ブッダがこの冥想法を修したということで、ブッダの禅定ともいわれている。

この行中に、自己の業の闇の深さに気づかされた。深さに無力感を感じた。底知れない深さである。

行を終えて先生を訪ね、業の闇の深さに気づいたことを伝えた。玉城先生は、

業熟体に気づいたことはよかった。やっと大事なところにさしかかってきた。

冥想して一枚一枚脱いでいく。裸そのものが業熟体である。裸になったとき、如来がはたらいてくる。裸になると思っては駄目である。裸にならせてくれるのが如来のは

たらきである。

と業熱体について語ってくださった。

小本『行に生きる』で、二十四年間にわたる仏道の境地の記録を記している。平成十年（一九九八）四月二十四日までの記録であった。

この章では、これ以後の境地の変化を書きとめ、解説を加えておきたい。

●平成十年（一九九八）六月四日　五十三歳

密教経典の理解の基盤は、本不生である。本不生の立場でとらえるとはどのようなことなのか。本不生は、言葉で表現できない心地《しんじ》である。したがって、本不生の立場でとらえるという表現にとらわれてはいけない。本不生は境地であるから、自ら三昧に入って境地を深めながら経典をおさえていく以外に方法はないと思う。本不生へのとらわれを離れた境地にならないと、本不生の立場でとらえることにならない。

本不生は、言語で表現できないものであり、清浄そのものであり、因縁の理をこえており、虚空のように分別でつかむことができない真理です。真言密教の真理そのものといえます。真言密教の行者は、本不生の体現を目標にする必要があります。

郵便はがき

恐れ入りますが
郵便切手を
お貼りください

5430062

大阪市天王寺区逢阪二の三の二

（受取人）

東方出版 愛読者係 行

〒

●ご住所

TEL

●ご氏名《ふりがな》

FAX

●購入申込書（小社へ直接ご注文の場合は送料が必要です）

書名	本体価格	部数
書名	本体価格	部数

ご指定書店名	取次
住所	

愛読者カード

●ご購読ありがとうございます。このハガキにご記入いただきました個人情報は、ご愛読者名簿として長く保存し、またご注文品の配送、確認のための連絡、小社の出版案内のために使用し、他の目的のための利用はいたしません。

●お買上いただいた書籍名

●お買上書店名

県　　郡・市　　書店

●お買い求めの動機（○をおつけください）

1. 新聞・雑誌広告（　　　）
2. 新聞・雑誌記事（　　　）
3. 内容見本を見て
4. 書店で見て
5. ネットで見て（　　　）
6. 人にすすめられて
7. 執筆者に関心があるから
8. タイトルに関心があるから
9. その他（　　　）

●ご自身のことを少し教えてください

ご職業　　年齢　　歳　　男・女

ご購読の新聞・雑誌名

メールアドレス（Eメールによる新刊案内をご希望の方はご記入ください）

通信欄（本書に関するご意見、ご感想、今後出版してほしいテーマ、著者名など）

●六月五日
般若波羅蜜多《はんにゃはらみた》の立場でとらえるとは、開かれた智慧でとらえるということ。本不生を体現したときの境地でとらえることである。

　般若波羅蜜多は、般若経典に説かれている悟りの根拠となるものであり、般若波羅蜜多のはたらきによって悟りを得ることができるといえます。空海は、真言密教の中心的経典である『理趣経』の注釈書『理趣経開題』の中で、「般若波羅蜜多とは、阿字本不生の義なり」として、般若波羅蜜多と本不生は同じ意であると説いています。ここにいう阿字とは、大日如来のことです。したがって、阿字本不生は、大日如来の境地を表しています。

●六月十六日
宗教体験すると、自ずと慈悲心が出てくる。

　密教の論書である『菩提心論』には、「諸仏の慈しみとあわれみは、真如の世界からそのはたらきが起こる」と明記されています。慈悲の行為は、それはそれで尊いことですが、本当の慈悲は悟りの中から生じてくるといえます。

●六月二十一日
不生を空と釈しているが、不生は不生である。

境地を言葉で表現すると、真実から離れることになります。注意しなければならない点です。

●八月三日
冥想は、如来のはたらきである。呼吸は、如来のいのちに貫かれている。

人はすでに成仏しているから、如来のはたらきを受けて冥想という形となって現れてきたといえます。

●十月五日　五十四歳
如来の三昧の中にいるから、常に如来のはたらきを受けている。それゆえ、如来に任せて三昧に入ることにより、如来のいのちが顕れてくる。このことが宗教体験となる。

人はすでに成仏しているので、如来の三昧の中にいて如来のはたらきを受けているといえます。行じて三昧に入ることは、如来のはたらきであり、如来のいのちが顕れて来るのも如来のはたらきです。

●十月六日

字輪観の五大布字《ごだいふじ》は、本不生を理解せんがためにある。だが、これは分別である。次に五大布字のある月輪を拡大するのであるが、自ずと拡大しなければならない。無理に意識で拡げるのはよくない。疲れるだけである。自ずと拡がらないときは、そのまま三昧に入るようにする。意識で拡げて無分別《むふんべつ》の境地になろうとしても、拡げているとの意識がある限り、無分別になることはできない。自ずと拡がると月輪が自ずと消え、月輪にとらわれることはない。

自らの胸中に月輪を観じ、その中に五種の梵字を布字し、本不生を体解《たいげ》するために梵字の字義を観想します。次に月輪を法界《ほうかい》一杯に拡げ、法界と一体になる境地に住し、元の胸中に収めるようにします。これが字輪観の概略の作法です。意識で拡大するのは、我のはたらきです。つまり、分別の拡大といえます。分別で拡大しても、法界と一体になることはありません。法界ととらえることも分別です。終始意識がはたらいている限り、一体となることはできません。そのため自ずと拡大していくことしかないのです。自ずと拡大していくことは、禅定力《ぜんじょうりき》によります。禅定力は、三昧の体得によって増していきます。自ずと拡大していくと、月輪の大きさが消え、法界の大きさも無くなります。そこではじめて一体となるのです。

●十月九日

宇宙の動きは、そのまま大日如来のふるまいであり、そのままわれわれの行動である。宇宙の音声《おんじょう》は、そのまま大日如来の声であり、そのままわれわれの言葉である。宇宙の思念は、そのまま大日如来の思念であり、そのままわれわれの意思である。

身密を例にとりますと、如来のふるまいは、われわれの行動であり、われわれの行動は、如来のふるまいです。このことに気づいていないから如来を対象として見ているることになります。逆に、対象として見ているから気づかないといえます。われわれの方が勝手に分断しているのです。

如来は、常に様々な形でわれわれにはたらきかけてくれている。すなわち、如来の説法を常に受けている。この説法に気づくことが加持感応である。

例えば、真言を唱える、冥想を修することなどは、如来の説法を受けていることです。如来の三昧の中におり、常に如来のはたらきを受けているのですから、如来にうち任せて三昧に入るだけでよいのです。このことが加持感応となるのです。

●十月十一日

夕方冥想。冥想から出ようとしたが、また引きもどされて三昧に入った。

冥想を止めようという意識とは反対に、不可思議なはたらきを受けて、また冥想に引き戻されて、三昧に入りました。如来のはたらきを受けたとしかいえません。

●十月十五日

他力を体験すると、自力という迷いが分かる。如来に照らされると、業の闇が分かる。

自力で行じているときには、自力が迷いであるということが分かりません。迷っているときには、業の闇が見えません。迷いを超える体験をすると、自力が迷いであることに気づき、業の闇が見えてきます。

●十二月二十八日
如来のいのちに照らされるから無我となる。

自己の力で無我になることはできません。如来のはたらきを受けるから無我になれるのです。

●十二月三十日
仏道を行ずることができるのは、有縁《うえん》の人々のおかげだけではない。無縁《むえん》の人々のおかげでもある。自己の力だけで行じているのではない。

仏道を行じることができるのは、ありがたいことです。人々の支えがあるからこそ行じることができるのです。このことに気づいたとき、感謝の心が生じてきました。

●平成十一年（一九九九）一月四日
真実の体験は消えない。分別による体験は消えてしまう。

真実の体験は、如来から証されることです。分別による体験は、自己が証したものです。これは迷いですから、体験は消えてしまいます。

●一月二十一日
求める心があるときは、迷いである。
迷っているから、求めるのです。迷いがなければ、求めることはありません。

●二月二十三日
如来から印信《いんじん》をいただけば、人からの印信は不要である。人からの印信は燃えてしまうが、如来からの印信は燃えるというものではないし、燃えないというものでもない。

印信とは、法門授受の証として阿闍梨《あじゃり》からいただくものです。阿闍梨からいただく形式的な文書より、如来から証される方がもっと大切です。

●三月十七日
玉城先生の境地の深まりは、「ダンマ・如来が顕れる→滲透する→通徹する→放散する」

であった。ダンマ・如来が顕れることが宗教体験である。宗教体験は出発点であるとの小衲の考えと一致する。

玉城先生の境地の深まりには、私は全く手が届きません。ダンマ・如来が顕れることが宗教体験であり、出発点だと私はとらえています。

●三月二十一日

空・無我・本不生を言語で説明すれば、もはや空・無我・本不生ではない。境地を空・無我・本不生と表現したまでのことである。

境地は、深く、微妙で、とらえがたいものであり、言語で表現することはできません。言語から境地を説明することは不可能です。

●四月一日

悟りとは、悟りを求める心が消えていることをいう。

悟りを求めるのは、迷っているからです。迷いがなければ、悟りを求めることはありません。

ある立場に立てば、分別がはたらく。例えば、欲望はそれ自体では清浄である。ある立場に立つと、欲望は迷い・苦しみとなる。

煩悩そのものは、善でも悪でもありません。煩悩にとらわれ、支配される心のあり方が問題なのです。とらわれ、支配される心のあり方がある立場に立つということです。結果として、迷い・苦しみとなります。

●五月三日

右へ行けば左が残る。上に行けば下が残る。どこにも行かなければすべてが残る。右・左、上・下の分別が無くなれば、右へ行っても左へ行くことになり、上へ行っても下へ行くことになる。

無我になれば無執着となります。無我の境地は、空といえます。

●五月十日

心が清浄となるから無我になるのではない。無我を体験するから清浄となるのである。

無我の境地は、清浄そのものです。

●七月四日
現在は三昧を意識することなく、ただ坐っている。如来のはたらきにより三昧に入れるからである。そのためひたすら坐ればよい。

三昧は、自己のはらかいではなく如来のはたらきなので、ただ呼吸にうち任せるしかありません。境地を深める深めないは問題ではありません。境地は自己の力ではなく、如来から与えられるものです。

●七月三十日
如来のいのちに照らされることによって、業の闇、罪悪の深さが自覚される。

闇の中にいると闇に気づくことはありません。光があるから闇が分かるのです。如来のはたらきを受けて、はじめて自己の業、罪悪の深さが見えてくるといえます。

●九月二十九日　五十五歳
吐く息、吸う息は、如来そのものを吐き、吸っている。

自己は如来に包まれ、如来に満たされているので、呼吸の出入の息は如来を吐き、吸っているといえます。

●九月三十日

如来にうち任すことが大切であるが、そのことにとらわれてはいけない。

三昧に入ることを期待してはいけない。そうすればもう三昧に入ることはできません。如来は常にはたらきかけてくれているので、ただ呼吸にうち任せばよいのです。

●十月七日

冥想では如来にうち任すことが最も大切であるが、うち任すとはうち任すことすら忘れなければならない。うち任すとの意識がはたらいていれば、うち任すことにならない。

うち任せて三昧に入れば、うち任すことを忘れています。うち任すとの意識があれば、三昧に入っていないといえます。

●十月七日

この私にはたらき続けるダンマ・如来だけが真実であり、私に顕れるダンマ・如来だけが真実である。

私に生じるすべての結果は仮のものであり、一時的なものであり、真実ではありません。真実は、ダンマ・如来だけといえます。

●十月八日

救われることは、安心が与えられることである。

安心は、如来によって与えられるものです。如来しかありません。如来から与えられるから安心となるのです。

●平成十二年（二〇〇〇）一月二十六日

如来は、私に三昧の体験として顕れてくれる。そのため冥想は、自ずと如来を念じていることになる。

冥想は如来のはたらきなので、冥想は如来を念じていることになります。

●二月十四日

分別意識でいくら自己を見つめても、それは意識の範囲内である。三昧は自ずと自己を見つめていることであり、三昧は自己の意識を超えているので分別ではない。

自己を見つめるといっても、分別知識で見つめている限り、どこまで見つめても意識のはたらきです。三昧に入ると、意識へのとらわれを離れているので分別ではありません。

●三月二十二日

三昧に入ることにより、「如来の三昧」をうなずくことができる。如来の三昧の中にいるから、三昧に入ることができる。

すでに如来の三昧の中にいるから、誰でも三昧を体験することができるのです。

●五月十二日

如来の三昧とは宇宙の三昧のことであり、宇宙の三昧とはあるがままの世界をいう。あるがままの世界は、如来のはたらきそのものである。

あるがままの世界は、凡夫から見たあるがままではありません。如来から見たあるがままです。自然《じねん》ともいえます。

●六月九日

「私は悟った」と言ったら終りである。悟りが最終目的だとの思いをもったら終りである。その意味で悟りという表現はよくない。

悟りも一つの体験です。業の闇が無限であるように、宗教体験も無限であるといえます。

●八月二十六日

空海の「明星が口に入った」と「ダンマが顕れた」は、同じ内容ではなかろうか。

空海は『御遺告《ごゆいごう》』の中で「心中に虚空蔵菩薩を観想したとき、明星が口に入った」と記しています。このことは、ブッダの「ダンマが顕れた」との表現と同じ意味ではないかと思っています。ダンマとは、真如のことです。玉城先生は、形のないいのちと表現されています。

●十月九日　五十六歳

早朝。「ブッダの禅定」で三昧に入った。玉城先生から平成九年八月に伝授をいただいていたが、丸三年間三昧に入ることはなかった。先生の御伝授の通りである。初めダンマ・如来にうち任せるとの思いをもち、吐く息に心をこめて集中したが、集中は途切れがちであった。思うように集中できなかった。一雷鳴のあと集中できるようになった。全人格が統一され、出息する意識にとらわれなくなり、自然の呼吸になった。そのまま三昧に入った。身体は安楽で足・腰の痛みは全くない。意識は鮮明であり、心に何か浮かぶことがあっても、それらへのとらわれはない。清浄そのものである。自ずと三昧から出るまでこの境地が続いた。雷鳴は午前六時であったというから、一時間十分ほど三昧に入っていたことになる。出定後、しばらくしてから歓喜が涌いてきた。玉城先生への感謝の思いが出てきた。

ブッダの禅定を入出息念定ともいいます。出る息、入る息を調える冥想法です。私の修してきた呼吸法と少し違っているので、三昧に入ることは難しいものがありました。今回深く三昧に入ることができました。三昧に入ると、自然の呼吸となり、呼吸への意識も無くなりました。今まで修してきた冥想法もブッダの禅定も同じ境地の体験といえます。この日は、一日中身体と心がやすらかでした。

●十月十五日

『維摩経《ゆいまぎょう》』「仏道品《ぶつどうぼん》」に、「まさに知るべし、一切の煩悩、如来の種となることを」とあることを知る。小衲が平成九年十月十八日に、「ふと煩悩は如来の声ではないかと思った」とあるが、同じような意味である。

私の気づきと経説《きょうせつ》が同じ内容であることを知り、私の仏道の歩みは間違いではないと確信できました。

●十一月五日

正しい体験と迷いの体験がある。前者は正しい仏道を歩むことにより、誰でも同じ体験ができる。後者はその人だけの体験であり、他の人は体験できない。

前者は三昧の境地や歓喜の宗教体験であり、後者は幻覚・幻聴・幻視などの体験を真実の体験と錯覚することです。つまり、普遍性の有無によります。

●十二月二日

煩悩を意識してコントロールすることもあるし、自ずとコントロールできることもある。

冥想中に三昧に入っても、冥想後に三昧が続くことはありませんでした。煩悩の支配を受けていたからです。冥想と日常が分断されていたからです。これではいけないと思って、日常のその場、その時に三昧に入るように心がけましたが困難でした。分断されることにとらわれていました。

平成八年の宗教体験後、分断されることへのとらわれの意識が消えていることにふと気づきました。煩悩には実体はなく、縁によって煩悩のはたらきを受け、支配されて苦になるということです。実体のない煩悩を起こす心のあり方が問題なのです。生きている限り煩悩はなくならないが、実体のない煩悩を起こすのは心です。そのため心をコントロールできれば、煩悩の支配を受けることはないのです。このことは、冥想など心を静めることによって可能となります。また、心を静めることによって煩悩を離れた境地を体験できると、日常の中で煩悩を離れることの大切さが実感として分るものです。

●平成十三年（二〇〇一）一月一〇日

仏道とは、如来にうち任せることである。ただ〳〵如来にしたがうことである。

境地を深め続けることが仏道ですが、意識で深めることはできません。深まるのは如来のはたらきですから、如来にしたがうしかありません。

●二月五日

『理趣経』の十七清浄句は、清浄を体現することこそ重要である。このことが宗教体験といえる。宗教体験によって清浄が自ずと分かってくる。

本不生の体験によって、清浄の体現ができるといえます。清浄は、分別知識では理解できません。

●四月四日

大日如来は説法すると密教ではいう。すべての現象は、大日如来の説法とする。しかし、こちらの意識で現象を観察して説法であるとするのは間違いである。加持感応してはじめて説法と分かるものである。

分別知識で大日如来の説法とすることはできません。如来のはたらきにこちらが気づかされることによってはじめて説法と分かるものです。つまり、無分別の境地にならないと、本当の説法とはいえないものです。

●四月五日
冥想によって無明が切り開かれてくる。如来が滲透してくるようである。

冥想は如来のはたらきであり、無明は智慧がはたらいていない状態です。如来のはたらきは、智慧のはたらきということです。智慧のはたらきによって無明を切り開くことになるのです。如来はどこに滲透するのでしょうか。それはアーラヤ識という無明の源底に滲透するのです。

●六月一日
夢の中で『般若心経』を解説していた。真言「ギャーテーギャーテー云々」は、訳すことなくこのままでよいと考えていた。「般若波羅蜜多」も訳すことなく、このままでよいと思った。

「般若波羅蜜多」は、言葉で表すことのできない真如です。「般若波羅蜜多」によって宗教体験をするといえます。この「般若波羅蜜多」を説く真言が「ギャーテーギャーテー云々」です。真言は唱える言葉、音に力があるとされているので唱えるだけでよいのです。

●八月十一日
冥想するのは、如来が冥想しているからである。三昧に入れるのは、如来が三昧に入っているからである。

われわれは、如来のいのちに包まれており、如来のはたらきを常に受けています。如来のふるまいは自己のふるまいであり、自己のふるまいは如来のふるまいです。

●八月十三日
自利を行じながら利他を行ずるのは菩薩行ではない。自利を徹底して自利は迷いであると気づいたとき、利他となる。これが菩薩行である。

悟りを求めながら人々を救済することが菩薩行であるとされています。これは迷いの中の菩薩行です。悟りを求めることは迷いであると気づいたとき、自ずと利他の行為となります。これが本当の利他行であり、菩薩行といえます。

●九月十七日　五十七歳

米がまずいといえば、米も農家も助からない。米がおいしいと感謝すれば、米も農家も助かる。同様に、人に感謝すれば、人も自分も助かる。感謝しないのは、自分で助からないようにしている。

人を救うことによって、自分も救われるのです。人を仏にすることによって、自分も仏になるのです。

●十月八日

本不生は、本から与えられているということ。誰から与えられたということではない。冥想中、このことに気づかされた。

この気づきの後の翌日も身体が安楽であり、心もやすらいでいました。冥想は充実して深い三昧に入りました。呼吸は、いのちの出入であるとうなずくことができました。本不生は、本から生じたものではないから滅することはありません。生滅がないから始まりもなく終りもありません。

●十月十一日
本不生は、宗教体験によってはじめて分かるものである。分別で本不生を理解することはできない。

　分別知識で本不生を理解することはできません。呼吸を調え、三昧に徹底することしかありません。

●十月十四日
仏道とは、無限といっていいほどの業熟体を切り開いていくことではないか。

　業熟体とは、宿業の身ということです。正しい仏道は、境地を深めていくことです。しかも境地の深まりは底無しといえます。宿業も無限です。

●十二月五日

救われるとは、如来のはたらきに気づくことである。

　気づくのは如来のはたらきによります。如来の慈悲のはたらきを受けて気づくわけです。分別で気づくのではなく、体解することです。正しくは、気づかされるということです。

●平成十四年（二〇〇二）一月八日
如来のはたらきを信じることができない迷いがある。このことが最大の迷いである。

　如来のはたらきを信じることができれば、煩悩に支配されていても、すでに如来の慈悲に気づいていることになります。

●五月三日
苦行（行）は、乾いた大地を耕すことに似る。

三昧は、耕した大地に種をまき、水を注ぐことに似る。

信は、大地を耕し、種をまき、水を注ぐことに似る。

　大地とは、煩悩・我執に支配されている心のことです。

●八月二十二日

悟りを頭で理解して修行することは誤りである。理解通りにならなければとの思いで修行するからである。我がはたらいているので、境地の深まりは困難となる。

悟りは与えられるものです。悟りを知識で理解することは誤りです。かえって悟りを遠ざけることになります。自己の力で悟りを体得することはできません。

●九月二十七日　五十八歳

因縁論からいえば、空は因縁より成り立っていることを言ったもの。本不生は、因縁によってとらえられないとする。

空は因と縁の関係から成り立っているので、実体はありません。本不生は因縁をこえたもので、因と縁の関係からとらえることはできません。

●十一月一日

夢を見た。見たこともない老人が、「阿弥陀如来への信が大切である」と説いていた。私は、人々に交じって聞いていた。「阿弥陀如来への信」という言葉を聞いたとき、このことは如来の顕れだと気づき、「その通り。その通り」と老人の説法者に大声で伝えた。と同時に歓喜が涌いてきて、歓喜の涙が次から次へと流れ出した。歓喜の中に身を置いていた。ここで夢から覚めた。不可思議な夢であった。目が覚めた後、全人格がさわやかであった。しかし、このことを素直に喜んでよいのだろうか。如来にとらわれているのではないかとの思いもある。

私の如来へのとらわれの根源は、深い煩悩が原因と思われます。深い煩悩とは我執のことです。

●十一月二十四日

本当の師は、如来である。

真如・真実を与えてくれるのは如来だけです。

大行《たいぎょう》は、厳しい行をすることではない。自己の内側から、行をせざるを得ないと自然に涌いてきて、行じることが大行である。

いかに厳しい行をしても、何かのために行じるのは小行《しょうぎょう》です。自ずと行じることは、如来のはたらきを受けているので大行といえるのです。

●平成十五年（二〇〇三）二月二十日

苦行中のブッダに、ダンマ・如来が顕れつつあったと思われる。

苦行を行じる中で、ブッダ自身が熟してきたのではないかと思います。

慈悲は、悟りの中から自ずと出てくるものである。

悟りは如来のはたらきです。慈悲も如来のはたらきです。

●五月五日

一つの塵は宇宙を造っており、一つの塵に宇宙が入っている。私は宇宙を造っており、私に宇宙が入っている。それゆえ如来のいのちが顕になる。

一つの塵も私も宇宙と隔てることがなく、融けあっているといえます。私は、宇宙のいのちに貫かれています。宇宙のいのちは、如来のいのちです。そのため如来のいのちが顕になるのです。

空は、如来のいのちが顕になり、無我になった境地から現象を観察したときの表現である。空そのものを実感することはできない。

無我になった境地を空と表現しているのです。無我の境地を実感することはできますが、空を実感することはできません。

早朝冥想。深い三昧に入る。出定《しゅつじょう》後、身心共に軽安《きょうあん》となる。一日中、分別のはたらきが弱まっている状態が続いた。一塵の中に宇宙が入っているとは、無礙《むげ》の境地を言ったものである。

三昧を出た後、その日は一日中、煩悩・我執の支配を受けることはほとんどありませんでした。

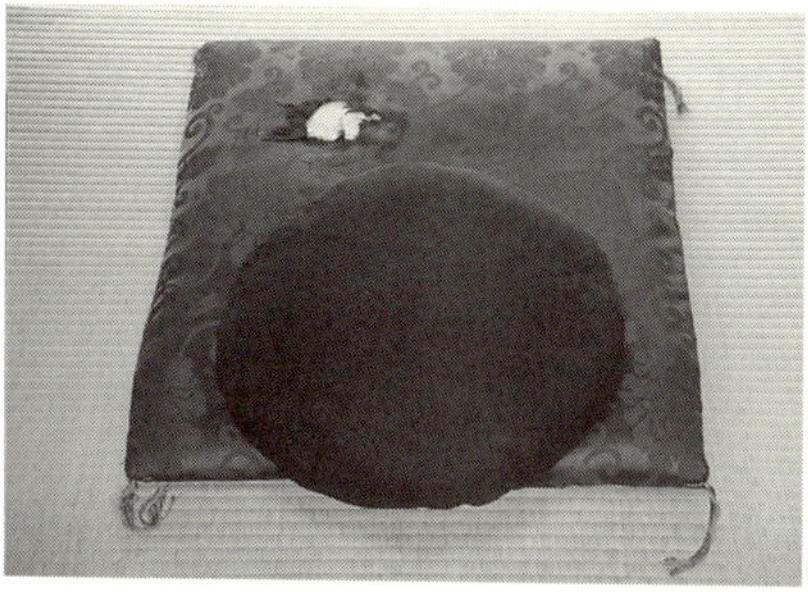
長年の冥想で穴のあいた坐布団と薄くなった坐蒲

●七月十三日

「一切衆生悉有仏性《いっさいしゅじょうしつうぶっしょう》」は、宗教体験をして初めて分かるものである。分別でとらえようとしても、とらえられるものではない。

「一切衆生悉有仏性」は、『涅槃経《ねはんぎょう》』に説かれています。一切の衆生はすべて仏性をもっている、すなわち仏になる可能性があるとの意です。宗教体験後に仏性が分かるといえます。

●九月二十五日　五十九歳

歓喜の宗教体験は、本当のいのち、純粋なるいのち、形のないいのちが顕れて体験となる。このいのちが如来である。

宗教体験をしてはじめて如来に気づくのです。そして、如来が顕れてくることも分かってくるのです。

●十月十四日

仏道は如来にたずねるしかない。境地は、自分で決めるのではない。如来しか分からない。

仏道における疑問は、如来が解決してくれるのです。三昧に徹していれば、如来の方から教えてくれるのです。

●十一月六日

早朝の冥想時、平成八年の歓喜の宗教体験に最近とらわれなくなっていることにふと気づいた。

平成八年十月十七日の朝、歓喜の宗教体験をしました。あまりにも強烈な体験でしたので、その後七年間体験が離れませんでした。体験を常に意識していたわけではありませんが、時々体験が記憶となって出てきました。意識の深いところでとらわれていたと思います。七年後、やっととらわれから離れることができたといえます。仏道を歩み境地を深めることを続けてきたので、とらわれが無くなったものと思います。

●平成十六年（二〇〇四）二月二十四日

本来の心とは、自己意識のような心ではなく、真如としての心、つまりダンマ・如来をいう。

本来の心、真実の心は人によってつくられたものではなく、何かによってつくられたものではありません。無限の過去からいただいている形のないいのちといえるものです。

●三月十六日

冥想は自分のためではなく、人々のために冥想している。

自分のために冥想していると思っていましたが、そうではなく人々のために冥想していると の思いがふと出てきました。なぜこのような思いが出てきたのかこの時は分かりませんでした。

●五月五日

私が冥想できるのは、あらゆる存在に支えられているからである。

私一人の力で冥想しているのではありません。如来をはじめ、一切の生きものや生きものでないものに支えられて冥想しているのです。

●八月十一日

あるがままとは、如来のことである。

炎暑の下、歩行中にふとこの思いが涌いてきました。「あるがまま」は無分別の境地であり、言葉で表現できません。「如来」は真如・真理であり、これも表現できません。

●八月十四日

修行するのは、すでに成仏しているからである。冥想できるのは、すでに成仏しているからである。三昧に入れるのは、すでに成仏しているからである。

修行、冥想できるのは、すでに成仏しているからです。三昧に入れるのは、如来のはたらきです。成仏しているので如来がはたらくともいえます。

●八月十九日

私が修行して得た法を人々に施していくとこれまで思っていたが、そうでないことに気づいた。人々に法を施すために私は修行させられているのである。
人々と私は、深いところでつながっているといえます。

●十二月七日　六十歳

「如実知自心」について。如実は、ありのままの意である。ただ、凡夫のありのままではない。如来のありのままである。自心は、ダンマ・如来のことである。

「如実知自心」は、『大日経』「住心品」に説かれている文句《もんく》です。ありのままは分かりやすい表現ですが、凡夫のありのままではありません。迷いの眼から見たありのままではなく、如来の眼から見たありのままです。自心をダンマ・如来としていますが、まだとらえ方が抽象的であり、未熟そのものといえます。

●十二月二十三日

自己が境地を判断するのではない。如来によって決められるものである。また、如来から与えられるものである。

自力で境地を得るのではありません。境地は如来によって与えられるものです。自己が判断することは、我が判断することであり、誤りとなります。如来によって与えられ、如来によって決められるから正しい判断となるのです。

●平成十七年（二〇〇五）一月二日

ダンマ・如来が顕れてくるとは、すでにダンマ・如来に包まれている自己の意識上に顕れてくることである。意識上に顕れてくるとは、実覚することである。このことが宗教体験である。

ダンマ・如来は自己のどこに宿っているのか。アーラヤ識である。宿業は、アーラヤ識に蔵されている。宿業の深さが無限であるから、ダンマ・如来のはたらきも無量である。三昧は、アーラヤ識のダンマ・如来を意識上に引き出すはたらきがある。ダンマ・如来は、自己を離れて遠くにあるのではない。

ダンマ・如来が顕れ、宗教体験となるのは、すでにダンマ・如来に包まれている、つまり成仏しているからです。このダンマ・如来は意識の根源アーラヤ識に宿っているとの境地になっていますが、まだ未熟であったと思います。また、宿るのではなく、アーラヤ識にはたらくということです。

宿業は無限の過去からの業を蔵しており、ダンマ・如来は宿業を断つはたらきがあるので、ダンマ・如来のはたらきも無量といえます。ダンマ・如来のはたらきによって三昧に入れるのであり、逆にそのことによって、ダンマ・如来が意識上に顕れてくることになります。

空を空じても空が残る。そうすれば空ではない。如来しかない。

いくら境地を深めても、空へのとらわれがあると、空ではありません。これは実践による空の限界といえます。ただ如来だけが真実といえます。

阿字本不生とは、大日如来は本不生とのことであり、自己も本不生とのことである。自己が本不生とは、自心が本不生ということである。

大日如来と自心は一つといえます。大日即自心ということです。

夕方の冥想中、如来にうち任すとは、呼吸にうち任すことであると気づいた。

如来に包まれ、貫かれているので、自己と如来は一つです。如来の呼吸は、自己の呼吸です。そのため、如来にうち任すことは、呼吸にうち任すことです。

●一月四日

「私は人々から修行させられている」と気づかされてから、『維摩経』の「衆生病むがゆえにわれ病む。衆生の病滅すれば、わが病滅せん」の経文がよく分かった。

衆生の病とは、無明・無智から生じる生存の苦悩です。この経文は、「衆生が苦悩しているから私も苦悩する。衆生が苦悩しなくなると、私も苦悩しなくなる」との意になります。ここには衆生への慈悲がはたらいています。経文が分かったということは、分別で分かったということではありません。

●四月七日

「心が雑染《ぞうぜん》なるがゆえに有情《うじょう》も雑染である。心が清浄なるがゆえに有情も清浄である」（『無垢称経』）。この経文は、人々によって修行させられていると気づかされてから分かるようになった。

人々と自己は深いところでつながっています。本来一つです。「一人の悟る者が出れば、すべての衆生が救われる」も同じ意です。

●四月十四日

仏教で言う悪とは、煩悩に支配されることである。煩悩が悪なのではない。

煩悩そのものは悪でも善でもありません。煩悩に支配される心が問題なのです。

●四月二十七日

心の底から冥想したいと思い、自らすすんで冥想する人は、すでに如来のはたらきが表に出ている人である。

すべての人は平等に如来の慈悲を受けているのですが、なかでも冥想のできる人は、如来の慈悲が形となって顕れている人といえます。

●五月十七日

如来にうち任せるといっても、如来を信じ、如来を信頼しないとうち任せることができない。如来を信じるといっても、如来のはたらきを体得しておかないと本当に信じることはできない。

如来のはたらきを体得するとは、自己に如来が顕れることです。このことを体験することによって、本当に如来にうち任せることができるといえます。

●六月十四日
夢の中で、「ごしょうかくべつが大切である」という声を何度か聞く。誰が言ったのかはっきりしない。夢の中では「五障各別」と思っていたが、目が覚めて仏教辞典で調べてみると、「五性各別」であった。初めての用語であった。
仏教辞典によると、五性各別とは人間が先天的に具えている五つの素質のことで唯識で説かれているようです。法相宗《ほっそうしゅう》はこの説をとり、すべての者が成仏するという天台宗とこのことについて論争したとのことです。
その五種とは、
菩薩になるはずの者
縁覚《えんがく》になるはずの者
声聞《しょうもん》になるはずの者

いずれとも定まっていない者
絶対に救われない者
であると記述されています。
不可思議な夢でした。

●七月二日
本不生の体現が即身成仏であると思う。

自己に如来が顕れることによって本不生の体現となり、この体現はそのまま即身成仏であると私はとらえています。

●十月四日　六十一歳
如来への信は、自ずから涌いてくるものである。

夕方の冥想時、呼吸を少し調えていると、いきなり引き込まれるように三昧に入りました。ただ〱呼吸にうち任せていました。そんな中、如来への信が自ずと涌いてきたのです。

●十一月十四日
如来、本不生が分かるのは宗教体験の後である。

　宗教体験は如来の顕れですから、体験の後如来に気づくのです。分別知識で如来をとらえることはできません。

●平成十八年一月十二日
自己を見つめるとは、自心を見つめること。自心を見つめるとは、自心を知ること。自心を知るとは、アーラヤ識を知ること。知るとは、分別で知ることではない。三昧から知ることである。

　自心を知るとは、意識の源底アーラヤ識を知ることです。知るとは、分別知識で理解することではありません。三昧に入った境地の中から体解することです。自心についてのとらえ方は、まだ未熟というしかありません。

●四月十三日

成仏していることは、如来の慈悲を受けていることである。このことに疑いがあるから如来に任せることができない。しかし、こちらに疑いがあっても如来は照らし続けてくれている。

如来の慈悲を常に受けていても、そのことに気づいていなければ如来を信じることができず、うち任せることもできません。それでも如来の慈悲は、われわれにはたらき続けているのです。

●四月十五日

「一瞬に永遠がある。永遠は不生不滅である。不生不滅は本不生である」この言葉がふと出てきた。

こちらの意識とは関係なく冥想中、この言葉がふと出てきました。なぜ出てきたのか不可思議そのものです。

●四月二十一日

夕方の冥想中、「一瞬の中に永遠がある」とは、歓喜の体験がそうであると気づいた。

歓喜の瞬間、永遠が現れたともいえる。

宗教体験は、一瞬に永遠が現れる体験といえます。

●四月二十六日

四月十五日に、「不生不滅は本不生である」と気づかされたが、空海が「本不生とは兼ねて不生不滅、不断不常、不一《ふいつ》不異、不去《ふこ》不来等を明かす」と説いていることを知る。

空海は、『秘蔵宝鑰』第七でこのように説いています。空海と同じとらえ方をしていることが分かりました。境地を深めていくと、先師先徳《せんじせんとく》の教えと同じ言葉が出てくることがあります。

●五月十一日

真如の内容を表現すると本不生になる。共に言葉では表せない。

真如も本不生もその内容を言葉で表現できません。宗教体験して体解することしかありません。

●五月十三日

アーラヤ識の底に清浄な識がある。この識が成仏の根拠となる。如来に照らされている、如来のはたらきを常に受けていると気づくことは、この清浄な識の存在に気づいていることである。

三昧に深く入っているとき、清浄な識の存在に気づきました。この清浄な識の存在に気づいているとは、この存在が意識上に顕れていることです。

●五月十四日

本不生とは、本来不生の意であるが、誰かがつくったのかではなく、仏教の教えがあろうがあるまいが関係なく「本からある」という真理そのものである。

ブッダが真理をつくったわけではありません。先師先徳者がつくったわけでもありません。本からある真理に、ブッダをはじめ先師先徳者が気づいたということです。

●六月二十日

諸《しょ》法《ほう》本《ほん》不《ぷ》生《しょう》不《ふ》可《か》得《とく》について、諸法とは諸々の心であり、それらの心の本性は不生不滅であり、本不生であることをいう。

空海の『秘蔵宝鑰』第七に、「心性《しんしょう》は常に生滅なし」とあります。「心の本性は常に生滅することはない」との意です。空海のとらえ方と一致していることが分かります。

●六月二十八日

『大日経』に「如実知自心」を説く。大日如来が持金剛秘密主《じこんごうひみつしゅ》に、「云何《いか》んが菩提とならば、謂わく実の如く自心を知るなり」と説く。さらに「仏の言わく、秘密主、自心に菩提及び一切智《いっさいち》とを尋求《じんぐ》すべし。何以故《かいこ》、本性清浄なるが故に」とある。つまり、自心は本性清浄であるとする。このことは、アーラヤ識の奥に清浄としかいえない識があるとの小衲の気づきと一致する。

アーラヤ識の奥に清浄の識があります。これは心の本性であり、その本性は不生不滅であり、また本不生とも、清浄心とも表せる識です。

●七月三日

『大日経疏《だいにちきょうしょ》』第一に、「本不生際《ほんぷしょうざい》とは即ち是れ自性清浄心なり」とある。また『秘蔵記《ひぞうき》』には、「本不生際というは、心は虚空の如くにして不生不滅なり。この本不生は不可得なり」とある。本不生の小衲の気づきと一致する。

『大日経疏』は、真言密教の八大祖師の一人善無畏《ぜんむい》の口説《くぜつ》、一行《いちぎょう》の記による二十巻から成る『大日経』の解説書です。空海によって唐から請来《しょうらい》されました。この中に、「本不生の究極は、生まれながらもっている清浄心である」と説かれています。また、『秘蔵記』は、八大祖師の一人恵果《けいか》の説、空海筆録によるものです。この中で「本不生の究極は、心は虚空のようであり、不生不滅である。本不生は分別では理解できない」と説かれています。

●七月五日

自心を知ることは、他人の心を知ることである。自心即他心である。

自心を深く見つめることは、アーラヤ識の奥の識に気づくことです。この清浄としかいえない識は、誰にでもある識です。自己と他人の識がつながっているといえます。

●七月八日

真如・真理を誰かがつくったわけではない。本からあるものである。本からあるものにブッダや先徳者たちが気づかれたのである。そのため誰でも気づくことができる。誰でも気づくことができるから真如・真理なのである。

如来から形を変えて与えられることが度々あります。私のはからいは一切ありません。境地の深まりがそれであり、真如・真理への気づきがそれです。特定の人しか気づくことができないのであれば、それは真如・真理ではありません。

●七月二十四日

平成十一年一月十四日に玉城康四郎先生が還浄されて初めて夢の中に現れた。「境地を的確につかみ、そのことに徹底しなさい」との言葉をいただいた。

境地は如来によって与えられるものです。徹底するとはうち任せることです。つまり、如来にうち任せることを言われたものと解しています。

●八月八日

経典に説かれていること、先徳者が説いたことと、私の気づいたことが一致するときがある。これは正しい仏道がすばらしいということである。

ふと言葉となって出てきたことが、経典や先徳者の説と一致することが何度かあります。無意識の中から出てきたもので、不可思議というしかありません。このことは私がどうこうということではなく、正しい仏道がすばらしいのだと思います。正しい仏道を歩めば、誰でもそうなるように思えます。

●八月二十八日

真如は、不生不滅である。

生ずることは、滅することです。滅するのは、生があるからです。生と滅は不可分の関係にあり、変化するものです。変化するものは、分別で理解できます。不生不滅は因縁を離れており、分別で理解できません。真如も分別でつかむことはできません。無分別の境地に入ることしかありません。

●九月十二日

空海は『雑問答《ぞうもんどう》』十七で、「心の実性本自清浄《じっしょうほんじしょうじょう》は、是れ即ち阿字本不生の理なり」と言う。小衲の気づきと同じ内容である。

実性本自清浄とは、生まれながら清浄という意味です。平成十八年七月三日の記を御参照ください。

●九月二十二日　六十二歳

『大師法《だいしぼう》』の字輪観を修していたとき、「本不生は、自性清浄心である」との言葉がふと涌いてきた。納得する言葉である。

このことに気づかされてから、字輪観の観想が深まってきました。

●平成十九年一月七日

自我が弱いと無我の体験はできない。自我が強ければ無我の体験はできない。

自我がしっかりとしていなければ、無我にはなれません。自我が弱いと無我にはなれません。自我のはたらきが弱くならなければ、無我にはなれません。結局、自我がしっかりとしていて、自我のはたらきが弱くなるとき可能となります。

●一月十三日
私の冥想は、如来を念じていることでもある。

念じるとは如来をたよりとし、如来のはたらきを信じ、如来を心にとどめることです。呼吸は如来のいのちの出入なので、自ずと如来を心にとどめていることになります。

●三月二十一日
本不生は、三世《さんぜ》を貫くものである。本当の心である。本当の心とは、清浄心である。

心の本性は、清浄です。心の本性は、本来成仏しています。本不生は、清浄心そのものといえます。

●四月二十一日
境地が言葉になるとは、無分別が分別になることである。空より生ずることである。

これは、私の体験から出た境地です。この章で述べているように、無意識の中でふと言葉が涌いてくることが何度かありました。出てくる言葉は分別です。無分別の中から言葉が出てくるのは不可思議としかいえません。

●四月三十日
真実の言葉は、如来の言葉だけである。如来の言葉とは、宗教体験の中から出た言葉である。

宗教体験の中から出た言葉とは、無我・空・本不生の境地から出た言葉です。そのため真実の言葉なのです。

●六月四日
夜中に目が覚める。そのとき、ふと「色即是空《しきそくぜくう》」は宗教体験によって分かること。「空《くう》即是色《そくぜしき》」は宗教体験の後に与えられるものであるとの思いが出てきた。

『般若心経』に説かれている「色即是空」は、空を体解した後に分かるものです。「空即是色」は、空の体解の後、つまり無我の境地の中から出たものといえます。

以上が九年間にわたる私の境地の変化である。

求めて得た境地は真実ではない。分別がつくり出したものであるからだ。真実の境地は、如来から与えられるものである。こちらにはからいが微塵でもあれば与えられることはない。

無意識のうちにふと言葉となって出てきたことが何度かあった。なぜ言葉となったのか不可思議である。このことが「空即是色」ではないのかと思っている。

如来のはたらきは、微妙であるとしかいえない。ただ〳〵如来に合掌するだけである。

第四章

在家仏道入門

一、仏道のすすめ

仏道とは何か

身心共に健康であれば、自分の身体や心を気にすることはない。ところが例えば病気やけがをすると、身体を意識し、不安となり、思い煩うことになる。人間は迷い、苦悩するものである。そのとき苦悩する自己を意識して、迷い、苦悩する原因は何なのか、苦悩する自己とは何なのかを考えるようになる。この考えるようになることが仏縁の第一歩である。

苦悩する主体は自己そのものであるから、自己とは何かを究明しなければ、迷い・苦悩は解決しない。自己を知ることとは、自心を知ることである。自心を知ることは、自心を明らかにすることである。自心を明らかにするためには、三昧に入らなければならない。

空海は、『十住心論《じゅうじゅうしんろん》』第九で、

まさに自心を観察する三摩地《さんまじ》に住すべきである。

と説いている。

三摩地とは、三昧のことである。空海は、自心を明らかにするには三昧に入らなければならないとして、三昧の重要性を述べている。

自心を明らかにするとは、仏智に気づくことである。この一連の追求が真如・真理の体得といわれるものであり、その実践が仏道である。つまり仏道とは、自心を明らかにするための実践といえる。

在家の仏道

仏道に出家《しゅっけ》・在家《ざいけ》の区別はない。仏道の前では出家・在家の区別のみならず、老若男女の区別もない。等しく如来の慈悲を受けているのであるから当然のことである。

仏教では出家者・在家者の区別をしているが、本来の出家者は家族をもたない。仏教者が家族をもっていれば、本義の出家者ではない。このことに留意する必要がある。ここにいう出家者とは、一般の僧侶のことを指す。

出家者が真如・真理を求めて行ずるのであれば、在家者も行ずることができる。迷いの心が出家・在家と分別し、区別しているだけである。

出家者であっても求道心を無くし、真如を求めなければ仏道者とはいえない。逆に在家者であっても求道心があり、真如を求めていれば立派な仏道者である。形の上で在家者は出家者と同じように修行することはできないが、境地の深まりに本来差はない。

仏道にとって最も大切なことは、仏智を体得したかどうかである。仏智の体得とまでいかなくても、どれだけ境地を深めているかである。すべての出家者が在家者よりも境地を深めているとはいえない。在家者の中にも仏道に励み、出家者より境地を深めている人もいる。出家者がすべてにわたって勝れているとはいえないのである。在家者は、在家の立場で仏道を歩むことは可能である。

仏道修行と聞くと、厳しい、難しいとのイメージがあるが、これは一面的な見方である。厳しいのが修行だと言う人もいるが、このことは誤りである。勝手気ままにだらだらして修行することは駄目であるが、厳し過ぎるのもよくない。何が大切かといえば、いかに正しい教えを聞き、正しい心構えをもち、正しく実践するかである。そのためには正しい師、明眼の師から指導を受けなければならない。在家者であっても、この点は出家者と同じである。未熟な師につけば、迷わされてしまう。

在家者の仏道の実践にはどのようなものがあるのだろうか。仏道の基本姿勢は、心を静めていくことである。真言宗の立場から具体的にあげると、真言の念誦、経の読誦、写経などがあるが、最もすすめたいのは冥想である。冥想は難行《なんぎょう》ではなく、むしろ易行《いぎょう》であり、誰でも親しむことができる。また、境地を深めるには最も適している方法であると確信している。

二、冥想の目標

人は宿業の身であり、煩悩の支配を受けるため迷い、苦悩する。迷い、苦悩していることに気づかない人がいる。苦悩する自己に気づいた人でも、苦悩する原因が何かあるに違いないと考える人は少ない。

考えた人もその救いを自己の外に求めており、自己の内に求めようとする人はさらに少ない。自己の外に求めても救いとはならない。たとえ救われたと思っても錯覚であり、一時的であり、時間がたてば前と同じように苦悩することになる。

そのため自己の内に求めなければ救いとはならない。自己の内とは自心である。自心を深く見つめることにより、苦悩の根源は無明であることが分かってくる。無明とは無智である。無智とは智慧がはたらいていないので、迷い、苦悩することになる。そのため智慧を得なければならない。

智慧を得るといっても、智慧はすでに与えられている。すでに成仏しているので、智慧は与えられている。智慧が与えられているといっても、成仏していることに気づかなければならない。気づかなければ、智慧のはたらきとはならない。そのためには心を静め、心を統一し、三昧に入り、境地を深めていかなければならない。このかたちが冥想である。

成仏しているとは、如来の慈悲のはたらきを常に受けていることである。だが如来のはたらきに気づいていない。冥想は、如来のはたらきに気づくための有力な手段である。気づくといっても、分別・意識で気づくことではない。全人格で気づくことである。このことが宗教体験である。

人が冥想できるのは、すでに成仏しているからである。すでにとは、本来の意である。成仏しているから如来のはたらきが縁によって意識に上ってきて、冥想というかたちとなって現れるのである。

反対に冥想のできない人は、如来のはたらきを受けているのに、縁によって意識に上ってこなくて、冥想というかたちとなって現れていないのである。

冥想できるか否かは縁による。如来の慈悲のはたらきが冥想というかたちとなって現れているのだから、縁のある人は勝縁《しょうえん》を得た人といえる。

冥想は、自心を明らかにするのに最も適した実践法である。冥想は、安楽である。本来自力で修すのではなく、如来のはたらきを受けて冥想するから安楽なのである。

冥想を続けることによって、心が安定して落ち着くようになった、腹の立つことが少なくなった、いらいらしなくなった、ものごとにあまりとらわれなくなったとか、ストレスが解消されるようになったなどの声を聞くが、これらも冥想の成果であろう。しかし、成仏していることに気づくことが冥想の主たる目標であることを忘れてはならない。

足を組んで坐す冥想の姿は、ブッダの悟りの姿であり、ブッダの悟りを表現した姿といえる。

三、冥想の実修

私は呼吸を重視した冥想、すなわち息の出入を調える冥想を修している。すでに三十年になる。この冥想法で境地は深まり、境地を与えられ、現在も深まっている。

空海は、『十住心論』巻第四で、

あれこれ思い悩むことの多い者は、数息観《すそくかん》を修すべきである。

盛んにものごとをせんさくする者は、数息観を修すべきである。

と説いている。

数息観とは、息の出入を数える方法である。息の出入を数えていると、呼吸が調ってくる。空海は数息観を呼吸を調える法と位置づけ、呼吸の大切さを述べている。

密教の冥想法に阿字観《あじかん》や月輪観《がちりんかん》などがある。梵字の阿字や月輪を観想する法である。観想であるから、分別意識で観想するわけである。しかし、分別で観想する限り、自己の問題とはならない。阿字や月輪を対象として観想しているので自己の問題とはならない。そのため分別から無分別になることは難しい。つまり、三昧に入ることは困難となる。冥想は、三昧に入るように努めなければならない。境地が深まらないからである。

三昧に入るためには、自己の問題となる手段を使う必要がある。その点、呼吸は自己の問題である。生きている限り、誰でも呼吸をしている。呼吸が止むときは死である。これ以上の自己の問題はないといえる。

冥想の実修に、出家・在家の区別はないのである。

冥想の準備

冥想の前に注意しておかなければならないことがある。心のもち方と食事と睡眠についてである。

まず心のもち方であるが、冥想には信が必要である。信というと浄土門ではないかと思うかもしれないがそうではない。ここにいう信とは、ブッダの法を信頼し、先師先徳者の教えを信頼し、真如・真理を信ずるということである。これらへの疑いがあれば、何のために冥想するのかが分からなくなり、冥想そのものが成り立たなくなる。

次は食事である。冥想の前の食事の量は、少ない方がよい。満腹は坐中眠たくなるのでよくない。空腹すぎると、力が入らず、心が乱れやすいのでよくない。量は少なく、胃に食物が入っているかどうか意識しない程度でよい。日常の食事の質も大切である。辛いものや肉は適当ではない。身心を乱しやすいからである。野菜を中心とした消化のよい食物が適しているといえる。

次に睡眠であるが、多眠も睡眠不足もよくない。多眠は身心がだらけやすくなり、睡眠不足は冥想中眠くなってしまう。

冥想のための条件

部屋は静かで、薄暗くした方が心が落ち着きやすい。室内の温度は暑すぎず寒すぎず、快適な温度を保つようにする。

身体を締めつけるような服装はよくないので、ゆったりしたものを着る。靴下などはかず素足がよい。

坐布団の上で坐る場合、坐布団は薄いものより少し厚めの方がよい。薄いものしかなかったら二枚重ねるようにすればよい。

坐り方（調身）

結跏趺坐《けっかふざ》、半跏趺坐《はんかふざ》、端坐《たんざ》（正坐）などの坐り方がある。結跏趺坐は図1のように坐布団の上に坐蒲《ざふ》または手前に二つに折った坐布団を置き、その上に浅く腰かけるようにしてあぐらをかく。それから図2のように左足を右の股《もも》の上に、かかとが下腹につく位にのせる。次に右足を左の股のつけ根にもってくる。

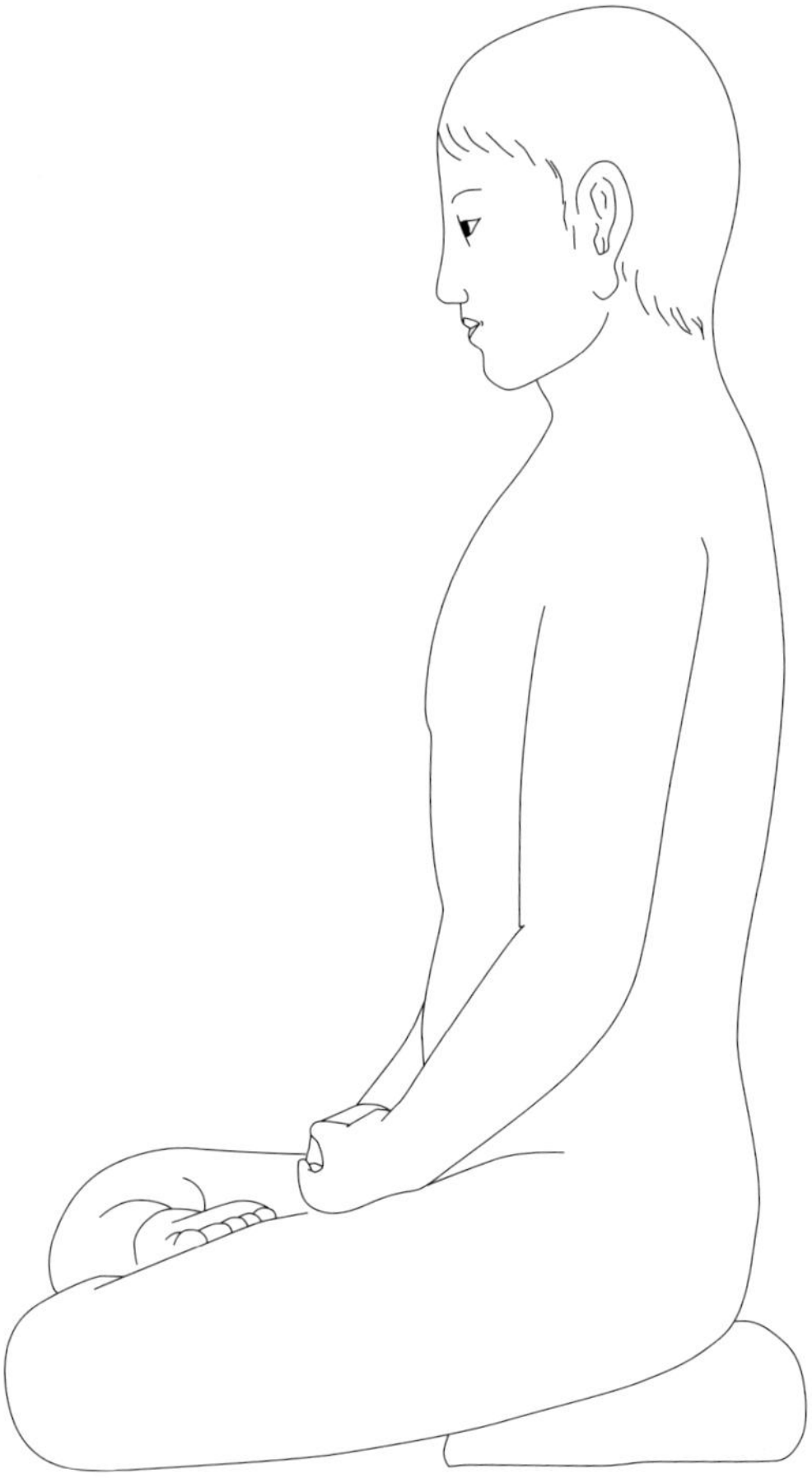

図1 坐 相

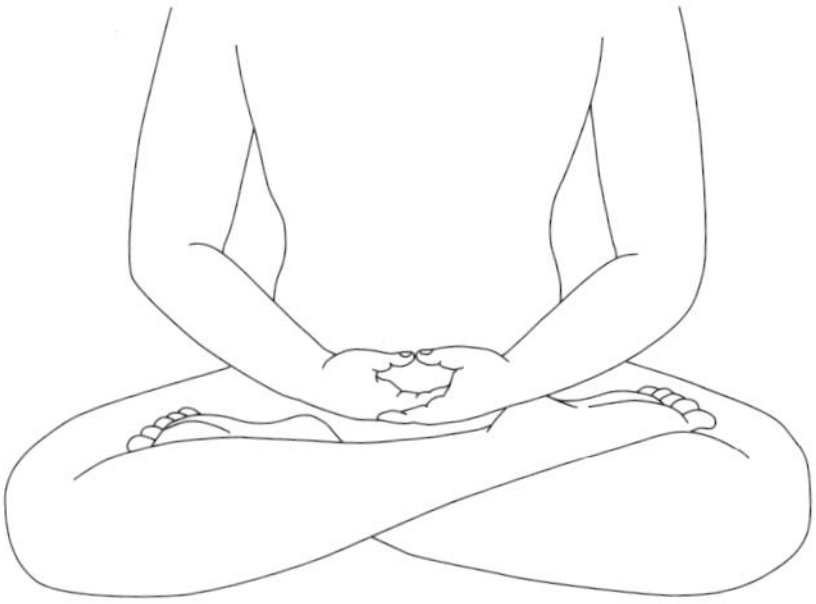

図 2　結跏趺坐（結跏坐）

図 3　半跏趺坐（半跏坐）

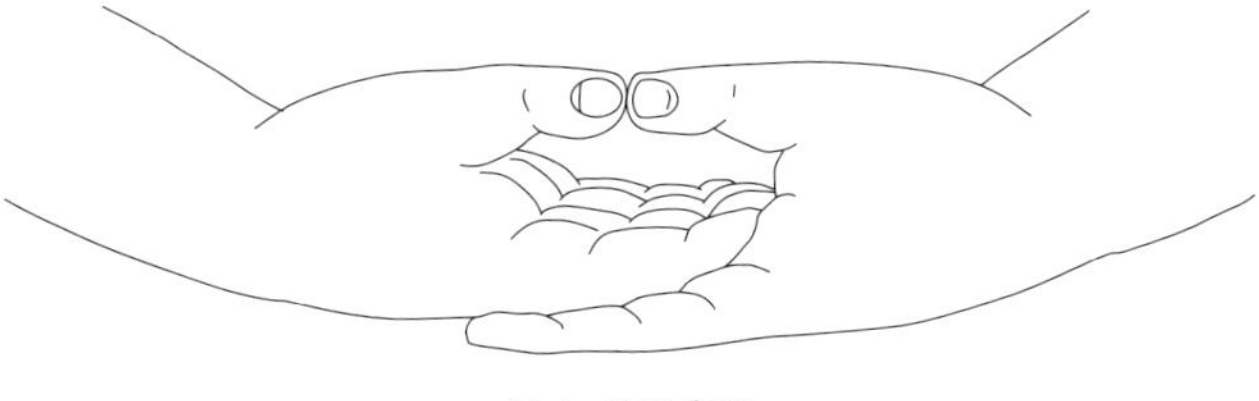

図 4　法界定印

しかし、体質によってこのように足を組めない人、組めても痛くなってしまう人もいる。その場合、図3のように右足を左足にのせるだけでよい。これを半跏趺坐という。因みに、結跏趺坐を金剛坐、右足を左足にのせる半跏趺坐を吉祥坐《きちじょうざ》という。半跏趺坐で長時間坐って疲れたら左右を交互に組み替えてもよい。

次は手の印である。図4のように左右の手を、左手を下に右手を上にして、掌を上に向けて重ね、両親指の端をつけて下腹のあたりに引き寄せる。これを法界定印《ほうかいじょういん》という。この印が基本であるが、左右の手の親指と人差指の間を交叉させ、左手の他の四指で右手の四指を上から軽く握り、右の親指で左の親指を軽く握るようにして、下腹のあたりに引き寄せる叉手《さしゅ》の印もある。どちらの印を用いてもよい。

次に背骨を真っすぐにする。それには上体を前方に四十五度位の角度で倒し、尻を後方に突き出し、尻の位置をそのままにして上体を起こす。首を真っすぐにし、あごをやや引く。頭の頂上から肛門まで真っすぐになるようにする。

次に身体を左右に揺り動かす。初めは大きく、次第に小さくして身体の中心で止める。肩の力を抜き、全身をゆったりとさせる。

次に歯を軽く合わせ、舌の先を上の歯のつけ根あたりに軽く触れる程度にする。

次に眼を半眼《はんがん》にする。鼻先の延長線上の自然に落ち着く所に視線を落とす。視線を落とすとは、見るのではなく、見ないのではなく、見てしかも見ないという要領である。つまり、眼に心を置かないということである。

呼吸を調える（調息）

初めに口から長く息を出す。息を出し切るようにする。次に鼻から胸一杯吸い込む。これを五、六度繰り返す。血液の循環がよくなって、身体と心が調えられ、冥想への気持が強くなってくる。

次に横隔膜を垂直に下げるようにして、鼻から息を出しながら下腹部の丹田に力を徐々に加えていく。力を入れすぎないように注意する。出す息は均等にする。初めに一気に出さないように気をつける。息を全部出さないようにする。全部吐き出すと姿勢が崩れるので、二分ないし三分位息を残す。

次に下腹部をゆるめる。ゆるめると自ずと息が入ってくるが、初心の場合意識して吸う方がよい。吐く息は長く、吸う息は短くするのが基本である。呼吸はすべて鼻で行う。

次に息を吸ったらわずかの間、心もち息を保つようにして、初めのように息を出していく。出息――入息――保息――出息という循環となるが、この循環が円を画くようになめらかになるように心がける。

心を調える（調心）

心を吐く息に集中する。吐く息に心を置くが、吐くときにわずかでも心に浮かぶものがあってはならない。吐く間、ずっと吐く息に集中し続ける。

息を吸うとき、集中をやめる。次に息を吐くとき、また集中する。息を吐くとき、また集中する。息を吐くときだけに集中するわけである。この繰り返しで呼吸が円滑になる。吸うときにも集中すると、常に集中することになり、集中は続かず心が乱れてくる。

心の集中のリズムは、呼吸にも影響を与え、呼吸との相乗効果で集中力が増し、また呼吸もますます調えられるようになる。集中は一心《いっしん》でなければならない。集中が乱れると、二心になり、心は散乱して煩悩・妄想が出てくる。

集中から統一

集中を続けていると、ばらばらであった身体と呼吸と心の三つが徐々にひと固まりになっていく。身体の感覚が少しずつ無くなっていく。手の先からくることもあり、後頭部からくることもある。身体がやすらかになってきて、自然な呼吸になっていく。心も安らいでくる。これが統一である。

統一のまま自然になった出息に心を置かなければならない。統一に満足して心を動かすと、心が乱れ、たちまち体・息・心がばらばらになって統一が破れてしまう。統一は安定しているようで、まだ不安定な状態である。統一を三昧と誤る恐れがあるので注意しなければならない。

統一から三昧

統一の状態で出息に心を置き続けていると三昧に入る。三昧については第二章でくわしく述べている。

次の説明は、三昧に対する私の境地である。

三昧に入ると、ただ如来にうち任せるだけである。如来にうち任せるとは、呼吸にうち任せることである。三昧は自己の力で入れるのではない。如来のはたらきである。

如来のはたらきであるから、如来にうち任せることしかない。出入息も如来のはたらきであるから、如来にうち任せるとは、呼吸にうち任せることである。うち任せていると、うち任せることも意識しなくなる。三昧に入ると、如来のはたらきに従うことしかないのである。

三昧に入ると、「境地を深める」「悟りを求める」などのはからいはない。我のはたらきはない。三昧を何度も体験することにより、禅定力がつき、全人格が熟すことになる。このことから法縁によって宗教体験となる。

宗教体験も自己の力ではない。宗教体験は、三昧と同じく如来から与えられるものであるから、自己のはからいは一切通用しないものである。

出定

三昧に入ってもいつまでも続くわけではない。私の場合、一時間強続くことは何度もあったが、二時間、三時間と続くことはなかった。生身の身体であるから、足の痛みや身体の疲れが原因で、三昧から元に戻ることになる。このことが出定である。

一回三十分位までの坐だとそれほどの注意は必要でないが、それ以上になると冥想から日常へ、静から動へ転回するとき、出定に注意を払わなければならない。

それは、冥想中の禅定力を日常生活の中に少しでも長く保つことが大切であるからだ。このことが境地を深めるのに役立つのである。急に立ち上がるようなことは避けなければならない。目まいのするようなこともあり、倒れることもあり得るので注意する必要がある。また、禅定力がそこで断ぜられてしまう。

私は、まず眼を閉じ、ゆっくりと口から息を吐き、ゆっくりと鼻から息を吸うことを三度繰り返すことから始めている。

次に、目を閉じたまま前方に上半身をゆっくりと少し傾け、後方にも少し傾けることを三度繰り返す。次に、上半身を同じように右左に三度ずつ傾ける。

次に、上半身をゆっくりと右廻しに三度、左廻しに三度廻し、両手で顔を覆い、その中で両眼を開き、五指を少しずつ開いて日常の場に戻るようにしている。それから組んでいる足を外して休む。禅定力の持続を保つためである。

その他の心構え

以上、冥想の骨格を説明したが、これはあくまでも道しるべである。その他の心構えについて述べることにする。

(一) 冥想中の心の動きや変化は微妙であり、人それぞれ異なっているので、必要なときには指導を仰ぐ方がよい。間違った心構えで自己流に冥想しても境地は深まらない。

(二) 冥想には信が必要である。ここにいう信とは、冥想を続けることによって必ず境地の深まりがあるとの教えを信じることである。また仏法の真理を信頼することであり、ブッダや先師先徳の教えを信頼することである。信がないと境地の深まりは難しい。

(三) 冥想の時間は、長く坐る方がよいが、時間がなければ十五分でも三十分でもよい。要はいかに呼吸に集中するかである。心が散乱してだら〳〵と坐るだけでは禅定力はつかない。時間を計るには、時計よりも線香を用いる方がよい。線香の長さによって時間を計ればよい。

(四) 長時間坐るときは、時間を区切ることもよいと思う。例えば五十分、一時間と坐れば、経行《きんひん》をするのがよい。

経行とは、立って堂内や部屋を歩くことである。坐中の疲れをとるためだけではなく、歩く中で禅定力をつけるための修行でもある。
私の場合、冥想の坐り方で説明した叉手の印を胸に当て、肘を横に張り、出息で右足一歩、吸息で左足一歩というようにゆっくりと右回りに歩いている。このときも出入息に集中するように心がける。

㈤ 禅定力は、冥想を続けないと身につかない。正しい冥想を続けていると、禅定力が増し、境地が深まっていくものである。

㈥ 冥想の目標をどこに置けばよいのか。宗教体験を目指すことはもちろんであるが、まず第一歩は三昧である。
三昧を体験すると、境地が深まっていることが分かってくる。冥想が楽しみとなり、如来への信頼となる。三昧は如来のはたらきであるから、冥想への確かさとなり、ゆるぎない信念となる。

(七)　日常生活の心構えも大切である。冥想を離れたとき、例えば仕事なら仕事に、勉学なら勉学に集中することが大切である。その場、その時に打ち込むことである。このような日常の工夫が禅定力を増す助けとなる。

四、やすらぎの内観

私は二十二年前から在家の人に冥想指導をしているが、冥想は難しいということで途中で止めてしまう人が何人もいた。そのほとんどの人は、冥想に期待しすぎて思い通りの成果が出ないということで止めている。

何ごともそうであるが、続ける中で結果が出てくるものである。性急に結果を求めすぎて、我慢できずに止めてしまったということである。逆に我慢して続けた人は何らかの成果を得て、止めずに十年、二十年と今も続けている。冥想のよさ、楽しさを体解した人たちである。

私は以前から冥想に直接縁のない人でも、心を静めることに親しむことのできる方法はないものかと考え続けてきた。そんな中、平成十五年の秋の行中にこの内観法《ないかんほう》がひらめいたのである。自ら実修し、人にも実修を依頼し、手を加えて四年がかりで「やすらぎの内観」として一応まとめることができた。

冥想を修してみたいが、冥想は難しいのではないかとしりごみをしている人や、心にやすらぎを得たい、心を安定させたいと思っている人に、またストレスを受けている人に修してもらいたいと願っている。

冥想のように足を組んでも、図5のように椅子に腰掛けてもよく、また正座でもよい。仰向けになってもできるので、病人でも可能である。通勤や通学の電車の中でも修すことができ、実際にそのように利用している人もいる。この内観法だけでもよいが、冥想の前に修してそのまま冥想に入ってもよい。

要は続けることである。

準　備

内観法を実修するための準備について、次のことに注意していただきたい。

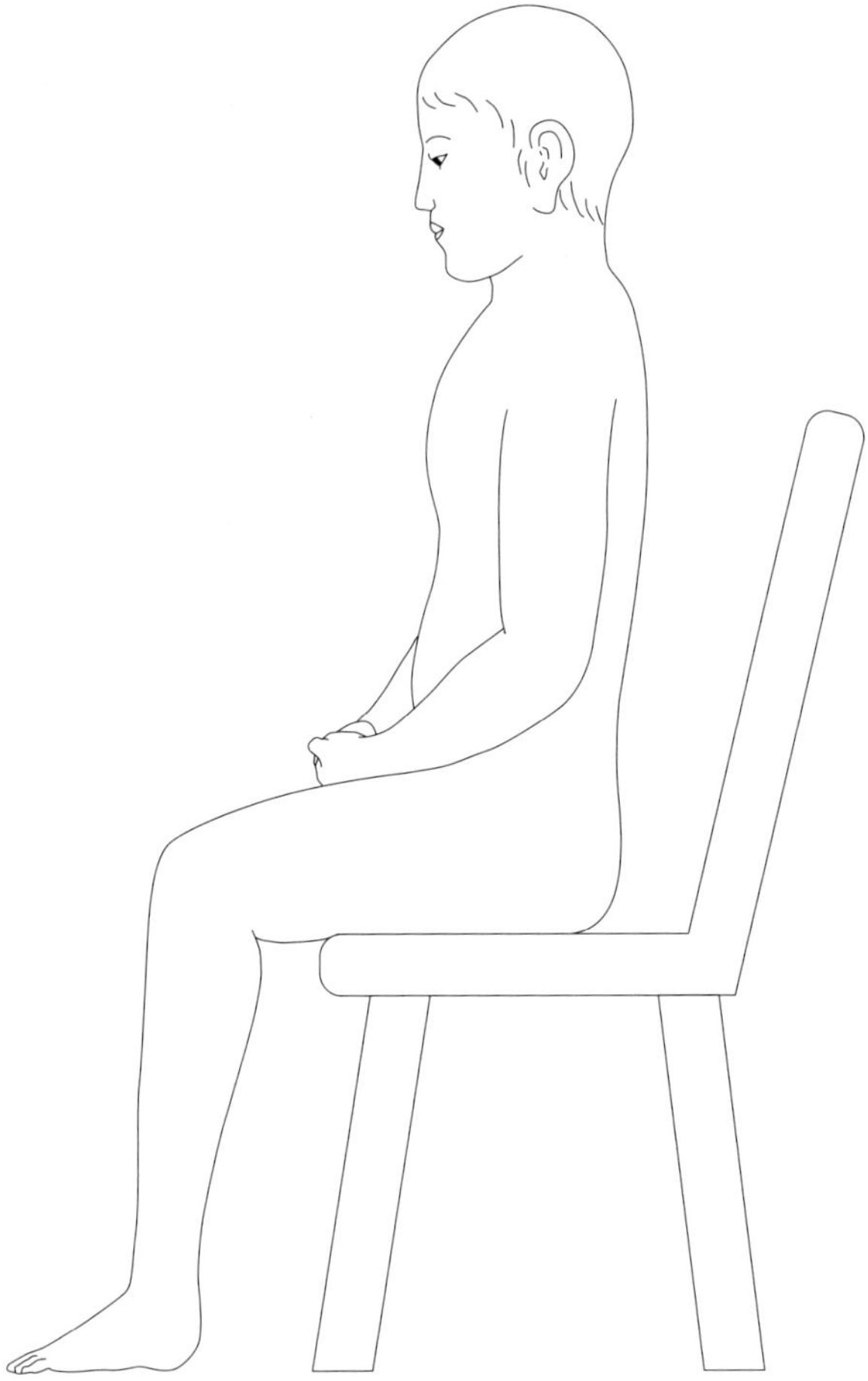

図5　椅子による坐相　足を少し開いて浅く腰掛ける

㈠　部屋の条件

静かな部屋がよく、薄暗くする。室内は、快適な温度に保つようにする。

㈡　坐って行うとき

二つに折った座ぶとんの上に腰掛けるようにして、普通のあぐらをかき、右足を左のももの上に、かかとが下腹部につくくらいに乗せる。また、正座でもよく、椅子に坐って行うこともできる。椅子の場合、図5のように浅く腰掛ける。

いずれも背すじをまっすぐにし、肩の力を抜き、リラックスすることが大切である。そして、口を軽く閉じ、歯と歯を軽く合わせ、舌を上の歯のつけ根あたりに触れる程度にしておく。

次は、手の印である。図4（一三七頁）のように手のひらを左手を下に、右手を上にして重ね、両親指の端を合わせて、下腹部に引き寄せる。または叉手にする。

㈢　寝て行うとき

畳やふとんの上で仰向けになって行うこともできる。このときは低い枕を使い、両手両足をそれぞれ少し開く。ゆったりと構える。このときも、口を軽く閉じ、歯と歯を軽く合わせ、舌を上の歯のつけ根あたりに触れる程度にしておく。

(四) そのほかに気をつけること

内観は、初めから終わりまで眼を閉じて行う。呼吸は、いつも無意識に行っている普通の呼吸をする。

身体にぴっちりした服装は適当ではない。ベルトをゆるめるなどして腰や足を締めつけないようにする。

実修

初めに口から長く静かに息を吐く。鼻からゆっくりと吸う。(五回ほど繰り返す)

以下、言葉にしたがってイメージする。これからの呼吸はいつも無意識に行っている普通の呼吸をする。

温かくてよい香りのする無色透明でやわらかいゼリーのようなものに全身が包まれて

いる。何ともいえない心地よさである。
体も心も徐々にゆったりとしてきた。体が温かくなり、心もゆったりとしている。
「体が温かくて、心もゆったりとしている」（と心の中で何度か繰り返す）
温かくてよい香りのする無色透明でやわらかいゼリーのようなものが、全身の皮膚から少しずつ体の中に入ってゆく。（入っているとイメージする）
骨の中まで入っていった。体全体が満たされた。細胞の隅々まで満たされた。とらわれの心、不安な心、苦悩と迷いが徐々に消えてゆく。

心がやすらいできた。

心が明るくなってきた。

心臓をはじめとして、すべての内臓が調えられ、正常にはたらいている。体全体がやすらいでおり、心地よく、細胞の一つ一つが浄らかになってゆく。

「心がやすらいで、明るくなってきた」（と心の中でゆっくりと何度か繰り返す）

今度は、逆に体の中から外に出てゆく。全身の皮膚から少しずつ外に出てゆく。ゆっくりと出てゆく。体と心の悪かったところがすべて出ている。出ているとイメージする。


すべて外に出た。

体と心が浄らかになった。

全身に活力が出てきた。

エネルギーが体の中心からあふれてきた。

とらわれの心、不安な心、苦悩と迷いが徐々に消え、心がやすらいでいる。

体も安楽で安定している。

眼を閉じたまま、口から長く静かに息を吐く。鼻からゆっくりと吸う。（五回ほど繰り返す）

眼を開ける。

以上が「やすらぎの内観」の実修法である。
なお、「やすらぎの内観」のＣＤを作製しており、一部の人に利用していただいている。

五、在家仏道者の質問

私は小学生をはじめ、中学生や高校生に冥想の指導をしたことがある。現在、家庭の主婦や職場に勤務している人たちと共に冥想を続けている。

中には二十年間も熱心に冥想を続けている人が何人かいる。冥想の確かさを体解したので止めることをしなかったと思う。正しくは、意識していなくても如来のはたらきが冥想という形になったわけであるから、止められなかったということである。

何年も続けて冥想している人は、在家の仏道者といえる。そのような人たちから冥想に関して質問を受けている。ここに質問と私の答えた内容を示しておきたい。冥想を続けている人、これから冥想を修したいと考えている人、また仏道に興味を持っている人への参考になればと思っている。

㈠　呼吸に集中しようとするのだが、なかなか集中できない。どのようにすれば集中できるのか。

吐く息に心を集中させます。吐く息に心を置いて、「いま吐いている。いま吐いている」と心で念じながら息を吐きます。吐いているとき、一心になっていなければなりません。ゼロか百かの気持で吐く息に心を置きます。このことが集中です。

㈡　雑念が涌いてきて思うように集中できない。雑念が涌いてきたとき、雑念を無くす方法があるのか。

雑念とは、煩悩・妄想のことだと思います。雑念が涌くのは集中できていないからです。涌いてきたとき、雑念を無くそうと思ってはなりません。無くそうとの思いは我です。我で無くすことはできないものです。無くそうとすればするほど雑念に支配され、心は散乱してしまいます。

雑念を無くそうとの思いを捨て、集中に心がけます。集中できると自ずと雑念から離れることができます。

また、半眼にしていてもいつの間にか眼を閉じているときがあります。眼を閉じると雑念が涌きやすくなります。

(三) 長時間冥想すればよいと思って坐ったが、疲れるだけであった。長時間坐る場合、どのように心がければよいか。

集中できる時間は限りがあるので、長時間坐るときは経行を行う必要があります。九寸の線香の燃える時間は大体一時間強ですから、線香一本（一炷《いっちゅう》）坐って経行をし、また坐るということを繰り返せばよいのです。

一時間が長いと感じるのであれば、四十五分でも構いません。初心のときは、三十分あたりから始めるのがよいと思います。

集中が続かないような冥想はよくありません。無理をすれば疲労のために心が散乱して集中できなくなり、冥想は困難となります。

(四) 冥想には体調管理が大切だと思っている。どのようなことに気をつければよいのか。

冥想に親しむためには、身体と心を調えておくことが大切です。食物の質、量に気をつける必要があります。野菜中心の食事がよく、満腹を避けるようにします。糖分・塩分を少なくした方が心は落ち着きます。食事のあと冥想するときは、一時間ほど後に冥想するようにします。

睡眠不足、多眠は避けなければなりません。日常生活の中では腹を立てないようにすべきです。激高は冥想で積んできた功徳を一瞬のうちに破壊してしまうので、特に気をつけなければなりません。

㈤　冥想がうまくいったときと、いかなかったときがある。うまくいかなかったとき不満が残る。

一坐一坐を大切にすることはもちろんですが、坐に対する思いを断ち切らねばなりません。満足のいく冥想ができても、そのことにとらわれてはなりません。もう一度よい冥想をと願ってはいけません。そのように願うことはとらわれです。願っても同じような冥想は体験できないし、境地は深まらないものです。

よくても悪くても、一坐一坐に集中するように心がけることです。よい悪いは分別心のはたらきです。迷いの心がそう決めているだけです。如来のはたらきである冥想に本来よい悪いはないのです。

(六) 疲れたときに坐っても効果がないように思う。

疲労の中で坐れば心が散乱して無意味だと思うかもしれませんが、そうではありません。条件の悪い中で坐ることにより、禅定力が増すようになります。条件のよい悪いにかかわらず続けることです。条件のよいときにはよいなりに坐り、悪ければ悪いなりに坐ることが肝要です。

(七) 冥想を続けているが、日常の生活に生かせていないように感じる。

冥想が日常生活の中で生かされるようになるには、境地の深まりが必要です。境地が深まれば自ずと生かされるようになるものです。生かされなければとの思いをもつことはとらわれであり、我のはたらきであるから境地の深まりは困難です。このようなはからいを捨てて冥想を続けることです。

(八) 「如来にうち任せて三昧に入る」と言われているが、冥想のときだけうち任せるのではなく、日常生活すべてがそうならなければ、うち任せて三昧に入ることはできないと思うがどうであろうか。

理屈はそうですが実践は困難です。冥想で三昧に入ることを心がけなければなりません。冥想で三昧の境地を体験していないのに、日常生活の中で如来にうち任せるようにすることは難しいと思います。そのようなことを考えずに、冥想の中で三昧に入ることを心がける必要があります。

ただ冥想には集中力が大切です。集中力の訓練は、日常生活の中でもできるものです。当面すること、たとえば今しなければならない仕事や家事に一心になって取り組むことです。一心になって取り組むことにより集中力がついてきます。このことが冥想に生かされます。また、冥想によって集中力が身につけば、このことが仕事などにも生かされます。

(九) 統一が深まって安楽な境地になったが、安楽な境地に安住してしまい、それ以上境地が深まらなかった。

安楽な境地にとどまって、その境地を味わってはいけません。安楽な境地は、一つの感覚です。感覚にとらわれると境地は深まりません。

安楽な境地にあればそのままにして、呼吸にうち任せていると、自ずとそこから離れて三昧に入ることができます。満足と感じているときは気をつけなければなりません。満足感ははからいであり、そこに我がはたらいているので深まりは難しくなります。

(十)　冥想して冷静に自分を見ると、心は煩悩に支配されていて清浄ではない。清浄な心になれるであろうか。

清浄心を言葉で理解してはいけません。また清浄心になろうと求めてもいけません。清浄心は境地であり、言葉でとらえることはできないし、求めて得られるものではありません。清浄心は、如来から与えられるものです。

心が煩悩に支配されていることを駄目だと思ってはいけません。如来のはたらきは、煩悩に支配されているこの自己にこそ現れてくれるのです。煩悩を否定するのではなく、煩悩を抱えている身でただひたすら呼吸にうち任せるだけでよいのです。

引用・参考文献

一、辞　典

中村元『仏教語大辞典』東京書籍　一九八一年

二、経　典

『大正新脩大蔵経』大正一切経刊行会　一九二五年

『南伝大蔵経』大蔵出版　一九三五年

三、仏教書

『弘法大師　空海全集』全八巻　筑摩書房　一九八四年

中村元訳『ブッダのことば』岩波文庫　一九七八年

玉城康四郎『現代語訳　正法眼蔵』全六巻　大蔵出版　一九九五年

玉城康四郎『ダンマの顕現』大蔵出版　一九九五年

玉城康四郎『仏道探求』春秋社　一九九九年

ウィリアム・ジェイムズ『宗教経験の諸相』誠信書房　一九五七年

荒木見悟『大慧書』「禅の語録十七」筑摩書房　一九六九年

原　実『古典インドの苦行』春秋社　一九七九年
今北洪川著　太田悌蔵訳注『禅海一瀾』岩波文庫　一九九〇年
名畑應順校注『親鸞和讃集』岩波文庫　二〇〇一年
金子大栄校注『歎異抄』岩波文庫　一九八四年
岸本英夫『宗教神秘主義』大明堂　一九九九年
田原亮演『行に生きる』東方出版　一九九九年
田原亮演『救いの風景』東方出版　二〇〇二年

あとがき

わが国の仏教は、形骸化していると言われて久しい。また、仏法が人々の心に届かなくなって滅しつつあるのではとの指摘もある。

仏法が衰退している原因を簡単に特定することはできないが、僧侶が法、すなわち真如・真理を真剣に求めなくなったことが原因の一つであると私は考えている。つまり、仏道を熱心に歩む僧侶が少なくなったということである。

ブッダをはじめ、先師先徳者は命がけで法を求め、体得した法を衆生に伝えることに努めた。それも自分の言葉で伝えようとした。これが仏教者の基本姿勢であろう。いつの頃からかこの姿勢が弱くなってしまったといえる。

現在も仏教の教えに救いを求めている人々が多くいる。僧侶はその人たちに何をどのように伝えていくかで、夜も眠れなくなるほど苦しい思いをしたことがあるのだろうか。

私は仏道を歩む中で境地が深まらず工夫を重ねていたとき、ブッダや先徳者の艱難辛苦《かんなんしんく》を知って感銘を受け、その都度励みにしてきた。先師先徳者の遺徳で現在仏道を歩むことのできる勝縁を決して忘れてはならないと思う。そのことに感謝の気持をもてば、仏道を行ぜざるを得ないはずである。

私は、仏道を歩みはじめて三十三年になる。二十二年目に歓喜の宗教体験をさせていただいた。この体験の後、私の境地は少しずつであるが深まっていった。そして、自己のための修行から人々へ法の施しをするという姿勢に変わっていった。

だが、法の施しといっても容易なことではない。そのために私の境地はさらに深まらなければならない。境地に成就ということはなく、境地の深まりは無尽である。したがって、仏道も無尽といえる。この無尽の仏道を歩み続けることしか私にはないのである。

本書は、仏道とは何かを主眼に、私の境地の変化、仏道に対する考え、実践を記したものである。この中から仏道を歩むことの大切さを知っていただきたい。そして、出家・在家を問わず誰でも仏道を歩むことができ、そのことが迷い・苦悩を克服する道であることに気づいていただきたいと願っている。

仏道は自己の外に、しかも遠くにあるのではない。最も近い自心にあるのである。仏道を実践したいと思っている人、正しい仏法に触れることを望んでいる人への一助になれば幸いである。
最後に、東方出版の今東成人氏には心から謝意を表したいと思う。

二〇〇八年四月二十一日

著　者

田原 亮演（たはら　りょうえん）
1944年広島県に生まれる。
1972年高知大学農学部農業工学科卒業。
1975年高野山専修学院卒業後、行の道に入る。虚空蔵求聞持法二度、八千枚護摩行九度成満。
現在、観音寺住職。
著書 『こころの泉』『施無畏』『やすらぎの信条』『行に生きる』『救いの風景』
現住所　〒630-0251　奈良県生駒市谷田町1335　観音寺

在家仏道入門

2008年（平成20年）6月28日　初版第１刷発行

著　者――田原亮演

発行者――今東成人

発行所――東方出版㈱
〒543-0052　大阪市天王寺区大道1-8-15
Tel.06-6779-9571　Fax,06-6779-9573

装　丁――濱崎実幸

印刷所――亜細亜印刷㈱

落丁・乱丁はおとりかえいたします。
ISBN978-4-86249-117-6 C0015